otidie
l'Humanité
ORGANE CENTRAL DU PARTI COMMUNISTE FRANÇAIS
LE POUVOIR ANNONCERAIT AVANT L'ETE :
HAUSSE DES TARIFS SNCF, RATP, EDF
frappant les petits usagers
PLUS DE 200.000 TRAVAILLEURS
DE L'ALIMENTATION OBTIENNENT
LA QUATRIÈME SEMAINE
de congés
VIOLANT LES ACCORDS DE GENÈVE
CHASSE AU NOIR
Le Cirque de Moscou
Le Monde
LES ANNALES
Scènes de Guerre
DÉPOUILLES OPIMES
ACTI
NON A L'ORDRE QUI TUE
GRÈVE GÉNÉRALE LUNDI
ce matin au Quartier Latin
France-Soir
L'EMEUTE
A 6 heures du matin 3 ministres entraient chez de Gaulle
54 blessés dans les hôpitaux
4 heures après l'émeute des centaines d'étudiants reviennent
Le Matin
AUX VAINQUEURS
LONGUE VIE A STALINE
midi soir
ORGANE QUOTIDIEN DE LA DÉMOCRATIE
GOUVERNEMENT
L'IMPASSE
DES SOLDATS FRANÇAIS ENVOYÉS AU CANADA POUR SUBIR un entraînement
SOUS LA TOISE DE L'HISTOIRE
Le nom de STALINE
Aboutir !
L'ATTAQUE DE MUNICH

Édité par : Éditions Cobra
18-22, rue des Poissonniers
92200 Neuilly-sur-Seine

Grands Événements

Textes de Élisabeth Brisson

Sommaire

RÉFÉRENDUM
ELECTIONS
GENERALES

Introduction

En presque un siècle, de grands événements de nature diverse ont bouleversé la France dans ses institutions, et les Français dans leurs valeurs, leurs façons de vivre, de penser et de sentir.

Ces événements sont d'abord d'ordre politique : ils commencent avec l'arrivée au pouvoir des radicaux en 1902 à la suite de l'affaire Dreyfus (1894-1906), qui suit de peu l'inauguration le 19 novembre 1899, du *Triomphe de la République*, une œuvre monumentale du sculpteur Jules Dalou (1838-1902) consacrée à la célébration de la République prospère, généreuse et pacifique, sur place de la Nation. La période s'achève par la démission de de Gaulle le 28 avril 1969 au lendemain de la victoire du « non » au référendum sur la réforme du Sénat et la participation. Entre ces deux dates phares se sont succédé d'autres événements décisifs pour l'évolution politique de la France : le Front populaire en 1936, resté dans les mémoires pour les accords Matignon et les congés payés ; l'État de Vichy qui signa l'armistice du 22 juin 1940 et collabora avec Hitler ; la Libération suivie de la mise en place de l'État-providence ; la difficile gestation de la IVe République, puis son impuissance à sortir de la guerre d'Algérie ; enfin le putsch d'Alger, le 13 mai 1958, qui favorisa le retour de de Gaulle au pouvoir et le changement des institutions au profit d'un pouvoir exécutif fort.

Les grands bouleversements qui ont secoué la France sont venus de l'extérieure : les deux guerres mondiales (1914-1918, puis 1939-1945), la guerre froide à partir de 1947 – conflit qui caractérise l'ère atomique –, auxquelles s'ajoutent les alertes qui ont précédé la guerre de 14-18, comme le discours de Tanger en 1905/06 et la crise d'Agadir en 1911, les agressions hitlériennes qui ont successivement violé les clauses du traité de Versailles, la guerre civile espagnole qui a divisé les Français et préluda aux horreurs de la guerre de 39-45 et, enfin, les mouvements et les guerres de décolonisation qui sont devenus des abcès de fixation de l'opposition idéologique entre les États-Unis et l'URSS, en particulier au Vietnam entre 1954 et 1973.

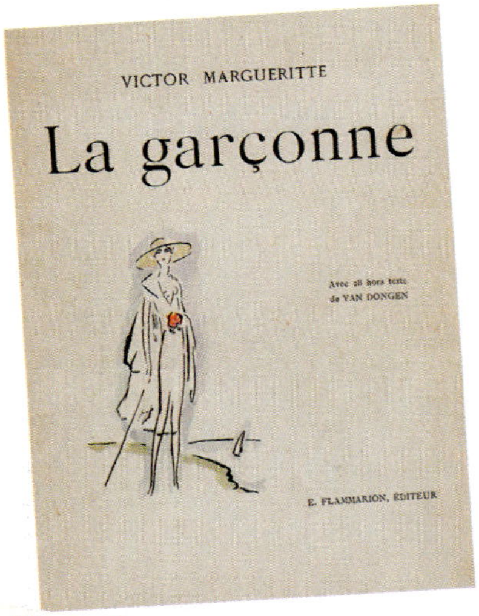

Ces grands événements sont aussi d'ordre culturel : l'invention du cinéma, la généralisation de la radio puis de la télévision, qui ont fini par concurrencer la grande presse, sans pour autant modifier en profondeur les comportements politiques des Français, toujours influencés par leur milieu social et par le passé de leur famille. La diffusion de la BD dans le contexte de la société de consom-

mation correspond à une rupture radicale dans la culture française, contribuant à la naissance de cette « culture jeune » qui divise les familles.

Ces événements sont enfin d'ordre scientifique et technique : grâce aux découvertes successives de Marie et de Pierre Curie, puis d'Irène et de Frédéric Joliot-Curie, la science française est érigée au premier rang de la physique nucléaire.

La France de 1900 qui, en majorité paysanne fait pencher la République du côté des radicaux, semble totalement différente de la France de 1968 qui, en majorité urbaine, est bousculée par une jeunesse impatiente de secouer le joug d'une autorité surannée.

Sans avoir la prétention d'être exhaustif, cet ouvrage passe en revue les différents moments importants qui ont marqué le siècle en combinant l'éclairage de l'historien et le regard du photographe.

Dans la famille traditionnelle française, ici en 1925, le père prend très au sérieux son rôle de chef de famille.

Chère famille !

En dépit d'une lente évolution, la famille ne change guère jusqu'en 1968, date à laquelle elle connaît un bouleversement radical lié à la remise en question de l'autorité du père de famille et à l'émancipation juridique de la femme.

Entre le début du siècle et la fin des années 1960, le prestige de la famille, institution fondatrice d'une certaine conception de l'ordre politique et social – en l'occurrence républicaine et bourgeoise – est progressivement sapé, au point que la défense de la famille, le plus souvent liée à celle de la religion, fait figure de conservatisme. Or, comme l'évolution de la conception de la famille anticipe la mutation de la société et précède celle de la législation, les pouvoirs publics multiplient les mesures destinées à l'encadrer ou à la freiner, car, pour eux, la famille, lieu de la reproduction dans toutes ses acceptions, est le garant de la stabilité politique comme du renouvellement des générations, et donc de l'augmentation du poids démographique de la France.

Afin de faciliter les échanges avec les cotisants, tout courrier transmis par ou à la sécurité sociale était dispensé d'affranchissement. Ici, en 1964, une hôtesse de salle renseigne une bénéficiaire.

La sécurité sociale

La date, communément inscrite dans toutes les mémoires, concernant la politique familiale est celle de 1945. Outre la fin de la

La famille Guillemin est en 1936 la lauréate du prix Cognacq-Jay, créé par les patrons du magasin parisien *La Samaritaine* pour récompenser les familles nombreuses.

guerre, cette date est celle de la création de la Sécurité sociale, mesure phare de la Libération qui, visant à assurer la cohésion nationale, bouleverse en définitive la vie quotidienne de tous les Français.

La Sécurité sociale constitue une véritable révolution car elle rejette les assurances privées : c'est l'État, au moyen de transferts sociaux, qui choisit de couvrir l'ensemble de la population contre les risques de maladie et contre la vieillesse. L'assurance-maladie devient alors obligatoire, ainsi tous les salariés doivent y adhérer et, comme « chacun cotise selon ses revenus et reçoit selon ses besoins », l'égalité de tous à l'accès aux soins est assurée par le jeu d'une redistribution du revenu national entre riches et pauvres.

La création de la Sécurité sociale s'accompagne de la généralisation des allocations familiales dont le principe, quant à lui, est antérieur à 1945 : il a été posé dès 1932, comme un droit des travailleurs, dans le contexte de la dépopulation, conséquence du déficit démographique de la guerre de 14-18 — les pouvoirs publics, très inquiets, se préoccupaient de la quantité d'hommes disponibles sous les drapeaux.

Le credo de la fécondité

Cette préoccupation quantitative précède largement la guerre de 14-18, comme en témoigne le roman *Fécondité* d'Émile Zola, publié en 1898 deux ans après la fondation de l'Alliance pour l'accroissement de la population française : la conviction que la fécondité régénère et reconstruit la France devenait une sorte de credo républicain partagé.

La création de la Sécurité Sociale résulte donc d'une politique familiale et sociale qui a commencé dès le début du XXe siècle. Sa nouveauté réside dans le but assigné à cette intervention de l'État-providence, dans la mesure où les préoccupations démographiques de la République triomphante au tournant du siècle, renforcées par l'hécatombe de la Première Guerre mondiale (1,450 million de morts, 3 à 4 millions de blessés, 600 000 veuves, 760 000 orphelins), sont relayées par l'objectif démocratique d'une réelle égalité opérée par des « transferts sociaux ».

La douceur et la gentillesse du ton de cette affiche tranchent avec son commanditaire, le régime de Vichy. Le maréchal Pétain était le partisan de la famille traditionnelle, nombreuse, fondée sur le respect incontestable du père et la soumission de la mère à son époux.

La fête des mères

La notion de politique familiale ne date donc pas de 1945. Dès 1913, le congé de maternité avec indemnités est accordé aux mères qui travaillent. Puis, en 1919, la Chambre bleu horizon institue la fête des mères. En 1920, elle instaure la médaille de la famille française et vote des avantages fiscaux pour les familles nombreuses, ainsi qu'une loi contre l'avortement qui, renforcée en 1923, institue la poursuite judiciaire pour propagande contraceptive et avortement.

Si avant la Première Guerre mondiale, le but de la législation protégeant les mères est d'abord populationniste, après la guerre, il vise à enrayer la dénatalité : en 1935, les décès l'emportent sur les naissances, ainsi qu'en 1939. Face à cette situation alarmante, le gouvernement est amené à imposer par décrets-lois un Code de la famille. Il se trouve que c'est le gouvernement de Vichy qui met en

Depuis 1947 et encore de nos jours, la République décerne, aux familles les plus méritantes d'au moins quatre enfants, la médaille de la famille nombreuse, une manière d'encourager la maternité en la présentant comme un devoir patriotique.

Le baby-boom est amorcé dès 1943. À la fin des années 1960, la France compte 50 millions d'habitants. Après la Seconde Guerre mondiale, les enfants sont progressivement plus nombreux à naître à la maternité plutôt qu'à la maison.

Jusque dans les années 1950, l'aspect des petits garçons se confond avec celui des filles : on peut admirer leurs belles boucles colorées.

œuvre ce Code en essayant de ramener au foyer les femmes mariées, et en transformant la fête des mères en fête nationale.
Après la Libération, c'est l'UNAF (Union nationale des associations familiales) qui devient la principale inspiratrice de la politique familiale, tandis que le nouveau parti, le MRP (Mouvement républicain populaire), se présente comme le « parti de la famille ». C'est dans ce contexte que les ordonnances de 1945 et 1946, aux origines de la Sécurité sociale, étendent à tous les salariés les dispositions du Code de la famille : assurance pour tous les risques (accident, maladie, vieillesse, maternité) et prestations familiales.
L'État-providence choisit donc de transférer des sommes considérables au profit des familles.

La taille de la famille

La politique familiale des années 1930 produit ses effets dès avant le déclenchement de la Seconde Guerre mondiale : les couples sans enfant ou n'en ayant qu'un seul commencent à diminuer – ce phénomène de diminution concerne également les grandes familles de plus de quatre enfants, à l'image de la ribambelle d'enfants du pasteur dans le film de Marcel Carné, *Drôle de drame* paru en 1937. Cette politique familiale favorise le modèle de la famille dite « nombreuse » qui finit par s'imposer grâce aux « allocs ». Les allocations familiales ne constituent qu'un des volets de cette politique. Il faut y ajouter la réduction du coût des transports publics, RATP et SNCF, dont bénéficie toute famille dès le troisième enfant : c'est-à-dire que le père, la mère et chacun des enfants possède une « carte de famille nombreuse » comportant la photo de l'intéressé et le pourcentage de réduction, soit 30 % pour 3 enfants, 40 % pour 4 enfants, 50 % pour 5 et plus.
La taille de la famille s'établit ainsi autour de 3 ou 4 enfants : c'est la génération du baby-boom, conséquence d'une croissance démographique inédite qui s'est amorcée dès 1943, et qui a des effets décisifs sur la consommation, car il faut nourrir, loger, habiller, éduquer, distraire cette génération nouvelle.
Le baby-boom a donc favorisé, en France, le passage à la société de consommation qui se

concrétise par l'équipement des foyers en appareils électroménagers, en automobiles (2 CV, 4 CV), en cyclomoteurs (Mobylettes), en postes de radio et de télévision, ainsi que par l'accroissement de la quantité de jouets, de vêtements pour enfants et de gadgets multiples.
Le baby-boom est aussi le temps de l'importance de l'avortement clandestin (environ mille par jour) : signe que la politique familiale ne devance pas l'évolution des mœurs.

L'autorité dans la famille

Alors que la famille se transforme et qu'elle participe à la mutation de l'économie et de la société qui se transforment en société de consommation, c'est le code napoléon de 1804 qui, jusqu'en 1965, continue à régir la famille : le père détient l'autorité sur ses enfants comme sur sa femme.
Cette figure du *pater familias*, présidant, quel que soit le milieu social, le repas de famille, est inscrite dans toutes les mémoires, avec les enfants sagement assis à l'autre bout de la table, se tenant droits, les poings sur la table, mutiques dans la mesure où il était interdit de parler à table – toutefois, dans les familles les plus libérales, les enfants devaient attendre le dessert pour avoir le droit de parler.
Cette toute-puissance du *pater familias* finit par s'éroder au milieu du XXe siècle : mais ce n'est qu'au cours des années 1960 que le père doit partager le pouvoir avec sa femme. Cette mutation dans l'exercice de l'autorité au sein de la famille est une conséquence de l'indépendance légalement reconnue à la femme mariée : en 1965, elle peut ouvrir un compte en banque à son nom et signer ses chèques sans l'autorisation de son mari. Elle devient ainsi maîtresse de ses dépenses et s'émancipe de l'autorité maritale.

Dans les années 1960, même si globalement les femmes continuent de se charger des tâches ménagères, l'enfant n'est plus l'adulte miniature d'antan mais bien un personnage à part entière qui siège à la table familiale.

Tout au long de la période, le mariage civil reste un rite républicain qui prime légalement toutes les cérémonies religieuses.

La haine de la famille

Ainsi, c'est surtout après la guerre à l'occasion de la période de grande croissance des Trente Glorieuses, que le modèle familial autoritaire, conçu comme base de la société, y compris dans le cadre de la République libérale, est mis en cause. Pourtant, dès le temps du triomphe de la bourgeoisie républicaine, la famille a été érigée en objet de haine par certains écrivains à la suite de Lautréamont (Isidore Ducasse, 1846-1870) auteur des *Chants de Maldoror* (1869) et de la célèbre formule, « famille je vous hais », tels André Gide (1869-1951), auteur des *Nourritures terrestres* (1899) et de *L'Immoraliste* (1902), ou Boris Vian (1920-1959) auteur de *J'irai cracher sur vos tombes* (1946).

Le Petit Journal

SUPPLÉMENT ILLUSTRÉ

DIMANCHE 17 MAI 1908

L'ACTION FÉMINISTE

Suffragettes renversant des urnes électorales, mai 1908. La route vers le droit de vote des femmes est encore longue.

Le mariage

La contestation du modèle familial autoritaire n'entraîne pas avec lui une remise en cause du mariage, civil comme religieux. Ce n'est qu'après 1968 que l'institution du mariage est battue en brèche par le développement du concubinage ou celui des familles monoparentales. Il faut donc attendre les années 1970 pour voir décroître le taux de nuptialité, tandis que celui des divorces augmente et que le baby-krach se confirme.

Avant 1968, le mariage reste un temps fort et obligé de la vie familiale et sociale. Précédé de la visite prénuptiale obligatoire (qui permet de surveiller l'état sanitaire de la population), le mariage civil précède obligatoirement le mariage religieux : devant les témoins choisis par les mariés, le maire unit les époux, leur profère des recommandations sur leurs responsabilités partagées et leur remet le « livret de famille ». Suit généralement une fête de mariage qui prend des formes différentes suivant les milieux sociaux (il n'y avait pas encore les « salons du mariage » comme aujourd'hui), et qui devient l'occasion de rencontre pour de futurs conjoints.

Le mariage fait donc fonctionner une sociabilité qui assure la stabilité de la société.

La place de la femme

De 1900 à 1968, la place de la femme dans la famille et donc dans la société a subi une mutation radicale. La femme est passée du statut de mère au foyer ou de domestique à celui d'individu responsable et libre de ses choix, grâce à une série de facteurs. Outre la volonté d'émancipation affirmée par quelques femmes – en particulier par Simone de Beauvoir (1908-1986) avec ses romans, *Le Deuxième Sexe* (1949) et *Les Mémoires d'une jeune fille rangée* (1958) –, le droit de vote, instauré enfin en 1944, les intègre dans la vie politique. Puis, les techniques scientifiques et la législation (la création du planning familial en 1961, l'autorisation de la pilule en 1967, la dépénalisation de l'avortement en 1975) ont permis aux femmes de devenir maîtresses de leur corps (« un enfant si je veux, quand je veux »), tandis que l'équipement ménager allégeait les tâches ménagères. Pourtant, la participation des hommes à l'entretien du foyer et aux soins des enfants n'est pas encore inscrite dans les mœurs à la fin des années soixante : bien souvent, l'homme rentre du travail pour se mettre les pieds sous la table avant de regarder les informations ou le sport à la télévision.

En 1968, la famille n'est donc plus ce qu'elle était en 1900. Or, la conception de la famille, c'est-à-dire son organisation interne et son fonctionnement, sa taille, sa place dans la société et dans la vie politique, n'est pas neutre : au contraire, toute conception de la famille possède une dimension politique déterminante, reflet des sensibilités et des choix idéologiques qui traversent l'ensemble de la société.

Le personnage du pater familias dominateur s'effrite peu à peu à partir des années 1960, et les hommes acceptent l'idée de pouponner et d'assumer certaines tâches ménagères.

Figure marquante du Saint-Germain-des-Prés de l'après-guerre, Boris Vian, ici en compagnie de Pasquali, fut condamné en 1947 pour son roman *J'irai cracher sur vos tombes*, jugé contraire aux bonnes mœurs. Il mourra en 1959, l'année même de la sortie du film.

Poussés par les événements, les paysans quittent la terre pour un nouvel idéal : la ville. Les conditions de vie ne seront pas au rendez-vous.

Un nouveau cadre de vie

L'exode rural, le développement des villes et le passage à la société de consommation ont profondément modifié le cadre de vie des Français. Le passage de la campagne à la ville, ou plutôt à la banlieue, entraîne des besoins nouveaux auxquels entend répondre la production de masse.

Une série de facteurs d'ordres différents a contribué à la transformation radicale du cadre de vie des Français : si l'exode rural a joué un rôle déterminant à partir du début du XXe siècle, la multiplication des villes, leur transformation et leur extension sous forme de banlieues enserrant les plus grandes, sont devenues les facteurs décisifs d'une société devenue société de consommation. Il faut ajouter, à partir de 1945, les interventions et les actions de l'État-providence, dont le rôle et la fonction étaient d'être responsable du bien-être et de la sécurité de tous.

Sarcelles, 1963 : cette cité répondait à la crise du logement. Malheureusement, le manque d'infrastructures locales et l'absence de toute vie de quartier ont entraîné un mal de vivre spécifique à ces grands ensembles, baptisé la « sarcellite ».

Dans cette perspective toute catastrophe naturelle devait être anticipée, c'est-à-dire que les crues de la Seine comme celles de 1910 devenaient impensables...

Mutation des lieux de vie

Si la campagne demeure l'horizon de la grande majorité des Français en 1900, en 1968, c'est la ville et les grands ensembles des

C'est une véritable révolution qui se joue en 1959 dans ce village de la Loire. Le dernier cheval pose aux côtés de son remplaçant, le premier tracteur, qui modifiera durablement le travail de la terre.

L'énergie électrique modifiera progressivement les outils : le vilebrequin sera remplacé par la perceuse.

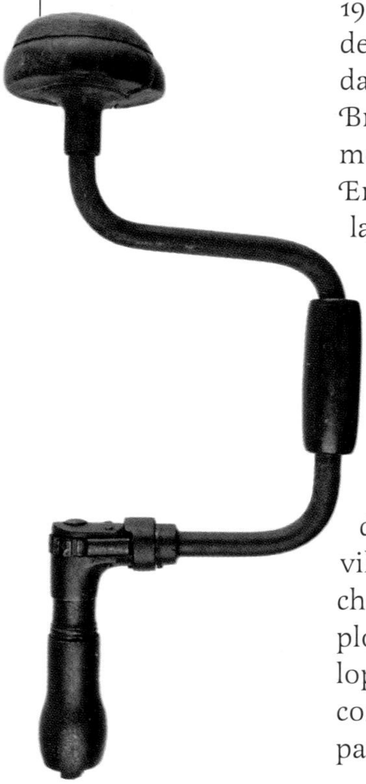

banlieues qui constituent le cadre de vie quotidien de près des trois-quarts des Français. La situation à la fin des années 1960 n'est pas spécifique à la France, en revanche celle de 1900 est bien française : en 1911, il y a 60 % de ruraux et 41 % d'actifs dans l'agriculture dans l'Hexagone, tandis qu'en Grande-Bretagne il y a déjà 72 % d'urbains et seulement 7,5 % d'actifs dans l'agriculture.

En France, ce n'est qu'en 1930 que la population urbaine atteint 50 %, c'est-à-dire qu'il y a autant d'urbains que de ruraux. Mais, il faut attendre les années 1970 pour que le taux d'urbanisation rejoigne celui de la Grande-Bretagne en 1911.

Cette croissance urbaine, qui modifie radicalement le cadre de vie des Français, est une conséquence de l'exode rural. Le déplacement progressif des ruraux vers la ville a été favorisé par le développement du chemin de fer et par l'offre croissante d'emplois industriels, puis de services. Le développement des villes est également une conséquence de l'accroissement naturel, en particulier du baby-boom.

La vie rurale

Elle se définit d'abord dans le cadre du village, et elle est rythmée par le chant du coq, par la cloche de l'église, par la succession saisonnière des travaux agricoles et par le marché à jour fixe. L'hiver, c'est autour de l'âtre que la vie se concentre. Les vieux racontent des histoires du village au temps passé. Les femmes font cuir les marrons ou préparent les conserves. Au cours de l'année, la communauté villageoise se réunit périodiquement pour la tue-cochon avec le boucher itinérant, pour la distillation du marc de vigne ou du cidre avec le bouilleur de cru. Quant aux enfants, ils sont obligés d'aller à l'école, mais sont requis pour les travaux des champs pendant les longues vacances scolaires, réservées à cet usage : moisson les mois d'été et vendanges en septembre.

Les déplacements hors du village sont rares car les services de base sont assurés par les artisans ruraux : maréchal-ferrant, charretier, ou par les ouvriers itinérants : maçons ou charpentiers, ainsi que par les services publics : poste, téléphone, école, mairie, service de cars en liaison avec les gares les plus proches au fur et à mesure de l'extension du réseau ferroviaire. Les villageois se déplacent au chef-lieu de canton ou de département à l'occasion des foires ou pour être hospitalisés, le plus souvent à la suite d'accidents.

Le désenclavement

Dans ce contexte à l'horizon restreint, l'équipement des villages n'a évolué que lentement : l'électricité et l'eau courante ont fini par devenir la norme au cours des années 1960, tandis que le gaz de ville et le tout-à-l'égout sont loin d'équiper tous les villages au début du XXIe siècle.

La fermeture de gares de desserte locale comme celles des bureaux de poste et des épiceries ne commencera qu'après 1968, ce qui transformera radicalement la vie à la campagne où le modèle urbain tendait déjà à s'imposer : la ferme des jeunes agriculteurs est de plus en plus équipée d'un bar, d'un salon où trône la télé, tandis que les pots de fleurs sont accrochés aux balcons...

Les bouilleurs de cru avec leurs alambics sont des personnages essentiels au monde rural. Leurs productions artisanales ont contribué à donner naissance à la notion de terroir.

L'exode rural s'est donc accompagné d'un désenclavement des campagnes et d'une amélioration du niveau de vie grâce aux débouchés urbains des produits de l'agriculture ainsi qu'à l'extension du réseau routier et à la généralisation des vélomoteurs et de l'automobile.

En 1942, dans l'Aveyron, malgré l'Occupation, ces paysans négocient les rares marchandises disponibles sur ce marché aux bestiaux. De telles pratiques économiques ont été reprises par un folklore cher aux citadins avides de nature et d'authenticité.

À Nanterre dans les années 1950, la crise du logement pousse de nombreuses familles à vivre dans des conditions sanitaires désastreuses.

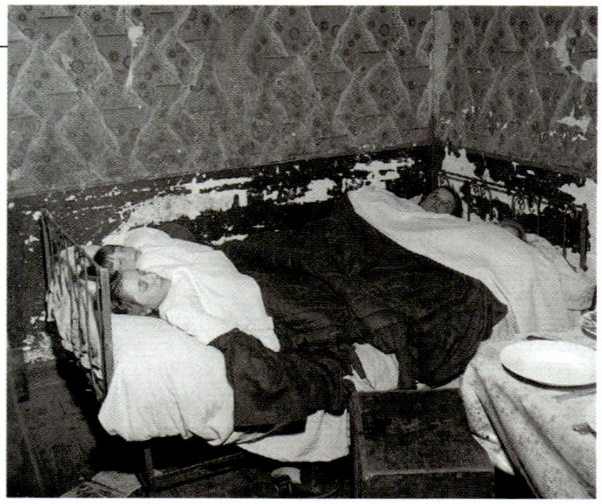

La crise du logement

Dès le début du siècle, l'installation en ville pose la question du logement. Les arrivants les plus démunis (ancien artisan rural, marchand ambulant, journalier) vivent dans une constante précarité, contraints à changer d'abri fréquemment : cette mobilité forcée, génératrice de misère et d'insécurité, inquiète les pouvoirs publics qui inaugurent une politique de logements au cours des décennies suivante. Grâce à la création en 1912 des offices publics communaux et départementaux d'habitation à bon marché (HBM), consolidée en 1922 par la loi Ribot qui accorde des facilités financières aux constructeurs, la précarité laisse place à un léger mieux. Mais c'est surtout la loi Lourcheur, votée en 1928, qui tente de dénouer ce problème crucial du logement en déterminant un programme d'aide à la construction de logements de diverses catégories étendu sur cinq ans.

Ce n'est qu'en 1948, qu'une loi règle la question des loyers, lancinante depuis la guerre de 14-18 : l'augmentation générale des loyers est compensée par l'instauration d'une allocation logement pour les familles à faible revenu.

Une autre solution à la crise du logement s'impose dans l'entre-deux-guerres : le lotissement des terrains disponibles autour des villes, ce qui se traduit par une véritable explosion pavillonnaire. Le cadre de vie se transforme donc pour les propriétaires de ces pavillons le plus souvent en pierre meulière (entourés d'un jardin comprenant obligatoi-

Avant la construction des grands ensembles, les populations de la banlieue parisienne avaient transposé leurs habitudes de vie rurales à la ville, comme cette famille installée récemment à Aubervilliers (Seine-Saint-Denis).

Après la Seconde Guerre mondiale, la reconstruction des logements détruits lors du conflit a largement privilégié l'édification de grands ensembles alliant acier et béton, comme ici à Dunkerque.

rement un cerisier), non sans difficultés dans la mesure où les pavillons sont habités avant la mise en place des infrastructures de viabilité, d'adduction d'eau et de tout à l'égout.

La solution moderne

Après la Seconde Guerre mondiale, pour absorber les nouveaux arrivants attirés par la modernité urbaine, les pouvoirs publics, s'inspirant de la charte d'Athènes (1933) de Le Corbusier, mènent une politique de construction de grands ensembles en marge des villes. Cette politique représente une rupture avec l'organisation urbaine traditionnelle : il n'y a plus d'alignement des immeubles le long de rues, mais des bâtiments géométriques, laissant passer l'air et la lumière, dispersés dans des espaces verts, la distinction entre voies de circulation automobile et lieux d'évolution des piétons étant strictement établie. Le plus souvent pris en charge par l'office des HLM (Habitations à loyer modéré), ces grands ensembles imposent donc un nouveau cadre de vie.

Puis, au cours des années 1960, pour mettre définitivement fin à la crise du logement liée à l'attraction de Paris, les pouvoirs publics conçoivent le « schéma directeur d'aménagement de l'agglomération parisienne », de façon à structurer la construction de nouveaux logements autour de villes nouvelles : Évry, Cergy, Marne-la-Vallée et Saint-Quentin en Yvelines. Les agglomérations de Lille, Lyon, Rouen et Toulouse optent également pour cette solution, de façon à répondre au défi de la décentralisation lancé en 1947 par le livre de Jean-François Gravier *Paris et le désert français*.

Au milieu des années 1960, la crise du logement semble en passe d'être résolue, tandis que s'intensifie le problème de la circulation ainsi que celui des transports publics et collectifs.

L'équipement des logements

En ville, l'équipement sanitaire de la plupart des logements a été très tardif : l'installation de WC, de salles d'eau ne se généralise qu'au cours des années 1960. Beaucoup de logements n'ont jusque-là les WC que sur le palier, tandis que l'évier de la cuisine sert aussi de lavabo pour l'ensemble de la famille.

Pourtant, c'est à partir des années cinquante, qu'une véritable révolution s'opère dans les conditions de logement en relation avec l'entrée dans la société de consommation : le budget familial consacre un poste de dépense

La figure de l'épicier parisien, régnant sur sa petite boutique débordant de produits, disparaîtra à mesure de l'installation de grandes surfaces en bordure des villes.

pour la maison plus important de façon à assurer l'équipement électroménager, l'achat du matériel de bricolage, le renouvellement du mobilier suscité par le développement du « design » qui donne une touche de modernité accessible aux bourses les plus modestes.

Métro-boulot-dodo

Animée par les boutiques et, le matin, par les cris des petits métiers – animation matinale que décrit Marcel Proust (1871-1922) avec tant de précision et de nostalgie dans *À la recherche du temps* perdu publié en 1920 –, la ville se caractérise toujours par son agitation et par ses embouteillages, une situation qui n'a pas changé depuis les descriptions de Boileau au XVIIe siècle.

À partir des années 1950, l'extension des villes, qui s'accompagne de la distorsion entre le domicile et le lieu de travail, engendre un mode de vie urbain de plus en plus dominé par la trilogie « métro, boulot, dodo », évoquée dans les vers d'une chanson de Pierre Béarn de 1951. Cette structuration contraignante et chronophage du temps quotidien est la conséquence du développement du « modèle fordiste » (travail posté en usine et salaires élevés), du culte de la voiture et de la mise en place d'un réseau routier desservant le plus souvent avec retard ces espaces urbains proliférant.

Le culte du samedi soir

Au cours de ce gros demi-siècle, les divertissements offerts par la ville ont beaucoup évolué en fonction des multiples progrès techniques et de la hausse du niveau de vie ; ils continuent à occuper d'abord le samedi soir. Si les grandes villes, en premier lieu Paris, ont vu se développer le music-hall en liaison avec l'industrie du disque : les spectacles y ont d'autant plus de succès que les artistes invités à se produire sur scène sont déjà connus par leurs disques, tels Tino Rossi, Charles Trenet, toutes les villes attirent pour leurs dancings, leurs cinémas, leurs restaurants, leurs théâtres (dont le théâtre dit « de boulevard » à Paris).

L'évasion urbaine

Avec l'allongement du temps de vacances (15 jours en 1936, 3 semaines en 1956 et 4 semaines en 1968), la hausse du niveau de vie et la modernisation des moyens de transport, les citadins peuvent s'évader du bruit et de l'agitation pour trouver calme et détente au bord de la mer, en montagne, à la campagne : les plus fortunés s'installent à l'hôtel, tandis que les familles aux revenus suffisants louent des villas ou des chalets et que les moins aisés financièrement s'adonnent aux joies du camping, stimulés par Le Vieux Campeur qui, au début des années 1950, installe sa petite boutique rue des Écoles, à Paris, en plein quartier latin.

Ce besoin d'évasion et de vie dans la nature, aux prises avec les éléments, est à l'origine de la création du centre nautique des Glénans, à la fin des années 1940. La navigation de plaisance prendra un véritable essor dans les années 1980.

L'idéalisation de la vie rurale en accord avec la nature a grandement influencé le tourisme, avec une constante augmentation du tourisme « vert », prenant la forme de l'alpinisme pour les classes les plus aisées ou du camping pour la majorité des Français.

La consommation de masse

Le développement des villes s'est accompagné de l'accroissement des boutiques qui ont permis de répondre à la croissance continue de la consommation tout en assurant la fluidité des structures sociales : les parents, qui travaillent dur, de manière harassante, tôt levés, se préoccupent d'assurer de solides études à leurs enfants pour leur permettre d'accéder à un statut social plus élevé. Mais, ce mouvement d'ascension sociale se périme au temps des Trente Glorieuses, dans la mesure où la modernisation de l'économie ne repose plus sur le petit patrimoine garant d'indépendance économique et de réussite sociale, mais sur la généralisation du salariat accompagné de l'extension de la protection sociale.

Le cadre de vie se transforme radicalement, en particulier dans les banlieues formées de grands ensembles sans rues. Les boutiques, étroitement liées à la rue, disparaissent à partir de 1957 au profit des supermarchés, puis au cours des années 1963-1970, des hypermarchés, autant de centres commerciaux qui ne sont accessibles qu'en automobile.

Parallèlement, en ville intra-muros, le cadre de vie se transforme également avec la fin des petits boutiquiers et la spécialisation des quartiers. Les grandes villes rénovent leurs centres pour les rendre plus attractifs avec cafés, cinémas, boutiques de vêtements et bientôt rues réservées aux piétons.

La persistance de la misère

Si la politique du logement a permis peu à peu d'absorber l'exode rural et l'accroissement naturel, elle n'a pas pris en compte l'arrivée massive de travailleurs étrangers, venus essentiellement d'Afrique du Nord. Ces travailleurs « immigrés » sont employés dans les usines qui assurent la « grande croissance » en produisant des objets standardisés destinés à la consommation de masse. Ces nouveaux arrivants, sans ressources, sont parqués par les « marchands de sommeil » ou s'installent sur les terrains vagues, comme à Nanterre, où ils se fabriquent des habitats précaires : les bidonvilles. C'est en 1954, lors d'un des hivers les plus froids du siècle, que l'Abbé Pierre (mort en 2008) fait connaître la Maison d'Emmaüs, foyer d'action sociale et de rencontres internationales, fondée pour venir en aide aux plus démunis.

Les années 1960 marquent le début des vedettes, une nouvelle forme de loisir de masse. En 1963 à l'Olympia, Johnny Hallyday, Mélina Mercouri, la danseuse tsigane Chunga et Charles Trenet félicitent leur ami Charles Aznavour après le récital d'inauguration de sa tournée internationale.

Les années 1960 amorcent
la libération sexuelle des femmes
ainsi qu'un nouveau rapport au corps.

L'ordre et les valeurs

Printemps d'une jeunesse contestataire d'un modèle social autoritaire, mai 68 consacre un bouleversement des valeurs, opéré sourdement depuis la Libération et l'installation de la société de consommation.

Depuis la consécration des valeurs républicaines, matérialisée par le monument de Dalou inauguré de manière solennelle en 1899 place de la Nation à Paris, la succession des événements tragiques de la première moitié du vingtième siècle – les deux guerres mondiales, la crise économique et surtout la Shoah – a contribué à éroder les référents qui paraissaient définitivement établis avec l'enracinement de la République au début du siècle. Mais cette mutation des valeurs anciennes, héritées du temps de la République et de l'avènement de la bourgeoisie républicaine et libérale, n'a pu s'effectuer que par les manifestations insolites de Mai 68, véritable choc culturel dont l'origine réside dans le décalage entre ces valeurs anciennes et l'installation rapide de la société de consommation durant les années de grande croissance.

Œuvre monumentale de Jules Dalou (1838-1902), le *Triomphe de la République* présente les valeurs de travail, de justice et de patriotisme qui ont marqué les débuts de la République.

La carte d'identité

Dès l'installation de la République — assurée après la crise du 16 mai 1877 — les républicains n'ont eu de cesse d'homogénéiser la société française dans le but d'assurer la cohésion sociale indispensable pour que la France conserve une place de premier plan dans le monde.

Pensée comme la conséquence de l'acceptation de la devise « Liberté égalité fraternité » (ce qu'exprima Ernest Renan en 1882 dans son fameux discours consacré à la définition de la conception « française » de la « nation »), cette volonté d'homogénéisation s'est doublée de la préoccupation de distinguer les Français des étrangers présents sur le territoire : sans toucher encore à la tradition d'accueil, l'une des valeurs fondatrices de la France, les pouvoirs publics, secondés par la police, ont multiplié les efforts pour trouver le moyen d'unifier les contrôles d'identité. Après bien des tâtonnements fondés sur des expérimentations dans le cadre de certains départements, une carte nationale d'identité a fini par être établie et imposée à tous les Français, sans être pourtant obligatoire (le permis de conduire peut faire office de preuve d'identité) : l'établissement de la carte nationale d'identité est devenu effectif le 1er janvier 1956.

Cette recherche du meilleur « encartement », qui ne devait pas se faire au détriment de la liberté et de l'égalité, a cherché sa justification dans le souci de réserver la politique d'aide sociale aux seuls Français. Après la guerre, les pratiques policières et racistes de l'État de Vichy ont servi de contre-modèle.

L'hebdomadaire *L'Assiette au beurre* de 1906 s'insurge contre le fichage systématisé de la population.

Devoir envers la nation

Le sens du devoir militaire correspond à l'imprégnation de l'idéologie républicaine de la

Ce boyau du Chemin des Dames, haut lieu de la Première Guerre mondiale, fut à la fois le charnier de la jeunesse française et le creuset où s'est forgée une conscience nationale.

Le 26 août 1944, le général de Gaulle descend l'avenue des Champs-Élysées lors de la Libération de Paris. Dans son discours devant l'hôtel de Ville, il réaffirme les valeurs de la République.

« nation armée » qui se concrétise dans le service militaire obligatoire : de 2 ans en 1905, il passe à 3 ans en 1913 au moment des « alertes » à la guerre ; redescendu à un an, il remonte à 27 mois pendant la guerre d'Algérie.

Si le service militaire a été à l'origine d'un vaste brassage social, il est également déterminant pour la diffusion du sens du devoir, l'une des valeurs essentielles de la République française : l'obéissance aux ordres de mobilisation en 1914, en 1939 et en 1956 en témoigne, tout autant que le scandale du Manifeste des 121 en septembre 1960, qui appelle les soldats du contingent à l'insoumission. Un grand tableau du groupe Cobra (installé aujourd'hui au musée d'art moderne de Strasbourg) fut censuré pour avoir intégré un extrait de ce manifeste au milieu des papiers collés.

Pourtant, si le sens du devoir et de loyauté envers les institutions et les décisions politiques de ceux qui incarnent la puissance publique, paraît évident en 1914, la mobilisation se caractérise alors par la résolution de la population et des hommes en particulier (et non par l'enthousiasme comme la propagande du « bourrage de crânes » a voulu le faire croire). En 1940, avant même la signature de l'armistice (22 juin), ce sens du devoir prend un sens nouveau avec l'Appel du 18 juin. Lancé par le général de Gaulle sur les ondes de la BBC, cet appel relaie, au moins pour quelques-uns, les « résistants de la première heure », la résignation de 1939 : il incite à faire son devoir de résister à des décisions liberticides.

Parti pour Londres le 17 juin 1940, le général de Gaulle lance son premier appel à poursuivre le combat sur les ondes de la BBC le lendemain de son arrivée.

Si, à partir de 1956, les « appelés » en Algérie obéissent au pouvoir en place, leurs familles ne tardent pas à dénoncer l'envoi du contingent en Algérie en multipliant les manifestations en faveur de la fin de la guerre et de la paix en Algérie, et en dénonçant la torture perpétrée impunément par le gouvernement français.

Lors du défilé du 14 juillet 1935, place de la Bastille, des Parisiens brandissent un panneau comportant le texte qui servira de serment au Front populaire.

Le sens de la patrie

Héritier direct de la Révolution française et des guerres pour la liberté contre les souverains coalisés, le sens de la patrie devient une valeur contradictoire dès la fin du XIXe siècle. Valeur révolutionnaire, la patrie est pourtant accaparée par les nationalistes regroupés derrière la bannière de l'Action française, mouvement politique animé par Barrès et par Maurras qui dénoncent « la gueuse » avec l'intention déterminée de « l'étrangler », pour remédier à la décadence française. Malgré cette captation d'héritage, les républicains n'abandonnent pas la référence à la patrie, comme en témoignent les discours fort rhétoriques de Jean Jaurès, fondateur du journal L'Humanité et de la SFIO, qui réussit à allier la défense de la patrie avec l'exigence d'une lutte internationale contre le capitalisme et l'impérialisme. Selon lui, les « patriotes » se réclament des valeurs démocratiques associées aux souvenirs des Révolutions de 1789, de 1830, de 1848 et de la Commune de 1871.

C'est sous l'impulsion de cet idéal républicain et patriotique que s'est constitué, en 1934, le Front populaire, front antifasciste bien décidé à empêcher l'installation d'un pouvoir d'extrême droite en France : « le fascisme ne passera pas ! ».

Puis, en 1940, la défense de la patrie en danger est l'un des premiers mobiles de ceux qui choisissent de résister aux ordres du gouvernement formé par le maréchal Pétain. Pourtant, comme en témoignent la débâcle et la faible quantité de résistants, le poids de la valeur qu'est la « patrie » n'est plus aussi prégnant en 1939-1940 pour faire admettre la perspective de sacrifices aussi tragiques que ceux de la guerre de 14-18.

Le respect de la hiérarchie

Malgré l'affirmation de l'égalité, inscrite dans la devise républicaine héritée de la Révolution, les structures de la société française sont demeurées très hiérarchisées : l'exemple par excellence est l'infériorité de la femme mariée, qui jusqu'au milieu des années 1960, continue à être soumise à l'autorité de son mari. Pourtant, la volonté d'émancipation portée par les manifestations, en sa faveur ou contre elle, est un trait permanent de cette première moitié du vingtième siècle. Le scandale du roman de Victor Marguerite publié chez Flammarion en 1922, *La Garçonne,* qui s'est heurté à la résistance masculine, en est l'un des témoignages. Malgré le succès remporté, l'auteur en fut déchu de la Légion d'honneur.

Outre le paradigme qu'est la situation de la femme ou celle des enfants qui n'ont jamais le droit à la parole, en famille comme en classe, c'est dans l'entreprise, dans la fonction publique que chacun doit être « à sa place » en obéissant à son supérieur hiérarchique.

En 1952, alors ministre des Finances, Antoine Pinay (1891-1994) lance un emprunt garanti sur l'or avec une rente de 3,5 %, afin de rétablir la confiance des Français face à la crise.

La valeur de l'épargne

Valeur bourgeoise, signe de prévoyance et de travail, l'épargne persiste longtemps même face à une société de consommation qui vit à crédit. L'épargne est sollicitée par le capitalisme conquérant pour constituer les fonds disponibles aux diverses opérations bancaires, en particulier aux investissements productifs.

Rendus méfiants par le bouleversement de la guerre de 14-18 et par l'inflation qui se perpétue au cours des années 1930 et dont ils ont été les premières victimes, les petits épargnants mettent un certain temps avant de se laisser convaincre par le livret d'épargne que leur propose la Caisse d'épargne. Malgré cette réticence, et la préférence pour le bas de laine, l'épargne demeure longtemps une

À la Belle Époque, tous les moyens sont bons pour subsister et la libération progressive des mœurs permet à de nombreuses jeunes femmes de tirer avantages de leurs charmes.

L'arrestation de Landru en 1919 et son exécution trois ans plus tard défrayent la chronique. L'histoire retiendra le volet morbide de cette affaire et l'escroquerie mise sur pied par l'assassin restera au second plan.

valeur : au cours des années 1960, les personnes âgées condamnent la consommation qui anticipe sur les gains, mais leur attitude est largement dépassée par la généralisation de la pratique du crédit à la consommation : pour financer l'achat d'une voiture comme l'équipement électroménager du domicile ou pour faciliter l'accès à la propriété.

Le sens de la justice

La France, encore traumatisée par la Grande Guerre et crispée sur les valeurs d'obéissance et d'épargne, conserve malgré tout vivace le sens de la justice, rudement éprouvé au temps de l'affaire Dreyfus (1894-1906), la défense de l'innocent primant sur la raison d'État. L'affaire Sacco et Vanzetti a de profondes répercussions sur l'opinion française : Nicola Sacco (né en 1891) et Bartolomeo Vanzetti (né en 1888) sont exécutés en 1927 aux États-Unis malgré un grand mouvement d'opinion publique à l'échelle mondiale ; ils sont accusés, du fait de leurs convictions anarchistes, d'avoir commis le meurtre d'un caissier et du gardien de l'usine de Braintree. Ils seront réhabilités en 1977.

Au contraire, en 1919, l'opinion publique s'était passionnée pour le procès de Landru, assassin en série, qui tenait méticuleusement ses carnets personnels : alors que les conditions de la paix étaient débattues à Versailles, la grande presse maintenait ses lecteurs en haleine, comme s'il s'agissait d'un déplacement salvateur pour les pouvoirs publics fauteurs de carnage humain, de la scène publique sur la scène privée.

Les affaires d'après-guerre

Comme le fait remarquer Georges Perec dans *Je me souviens* (Hachette, 1978), l'affaire Petiot occupe en 1945 l'immédiat après-guerre, à l'image de l'affaire Landru en 1919. Là encore, il s'agit du déplacement dans la sphère privée d'un procès concernant par procuration des collaborateurs et des faux résistants. Petiot qui prétendait avoir sauvé des vies en leur permettant de passer la ligne de démarcation, a été confondu malgré son cynisme et a été condamné à mort et guillotiné publiquement le 25 mai 1946.

En 1944, les jocistes, ici réunis au Vel' d'Hiv compte quelque 400 000 membres d'après Pierre La Calmette, responsable de la région parisienne.

LE JOURNAL DES JEUNES TRAVAILLEURS — ÉTÉ 1942

La Jeunesse ouvrière

21 JUIN 1942 - EN 7 CONGRÈS RÉGIONAUX
110.000 Jocistes
de zone non-occupée fêtent
LE XVe ANNIVERSAIRE DE LEUR MOUVEMENT
La journée triomphale de Lyon

Pour nombre manifestants de Mai-68, l'attachement aux valeurs républicaines n'est pas remis en cause par leurs aspirations au changement, comme en témoigne ce jeune étudiant portant un bonnet phrygien et un drapeau rouge.

Au début de la guerre froide, en 1953, l'affaire des époux Rosenberg, Claudius et Ethel, a également passionné l'opinion française : bien que défendus par le mouvement de la paix (manipulé en sous-main par le kominform), les Rosenberg n'échappèrent pas à la chaise électrique, condamnés par les Américains pour avoir diffusé des secrets atomiques à l'URSS.

Les valeurs chrétiennes

Ancrée profondément dans l'histoire des croyances religieuses en France, la déchristianisation se poursuit au cours du xxe siècle, même si les pratiques sociales de la messe, de la communion solennelle et du mariage religieux se perpétuent, l'église demeurant un lieu irremplaçable de sociabilité.

Entre les deux guerres, des jeunes sont séduits par les mouvements animés par l'Église : la JEC (Jeunesse étudiante chrétienne) et la JOC (jeunesse ouvrière chrétienne). Mais, très vite, ces mouvements sont concurrencés par les aspirations communistes ou par les séductions agnostiques et apolitiques de la société de consommation.

L'aggiornamento voulu par le pape Jean XXIII lors du concile de Vatican II (1962-1965) est bien accueilli par les catholiques, à l'exception de quelques irréductibles « fondamentalistes » qui se regroupent autour de l'église Saint-Nicolas du Chardonnet. Les ajustements des institutions traditionnelles au monde moderne sont respectés, tandis que sont prises en compte la nouvelle définition de l'idéologie de l'Église face à la pensée contemporaine ainsi que la vocation œcuménique de l'Église. Cet aggiornamento se traduit dans la pratique par une liturgie en français, et une vie religieuse rénovée et adaptée au monde moderne.

Le décalage des valeurs

La société de consommation, le début de la massification de l'enseignement secondaire, l'ébranlement de la guerre d'Algérie, l'aggiornamento de Vatican II conjuguent leurs effets pour accentuer le décalage entre valeurs anciennes d'épargne, de travail, d'autorité et de respect de la hiérarchie, et les aspirations à la liberté d'une société de plus en plus jeune et intégrée dans une certaine forme de modernité.

Mai 1968 met en évidence, de manière violente et insolite, cette tension inconciliable entre une forme d'autorité insupportable et figée et la soif de vivre et de consommer dans l'instant.

Cette couverture de *L'Enragé* de mai 1968 exprime la lassitude de toute une génération vis-à-vis d'un pouvoir, qui lui semble appartenir à un temps révolu.

Lors de son discours d'investiture en 1958, le général de Gaulle lève les bras, symbolisant à la fois la Ve République à venir et la victoire contre les nazis. La sculpture en bronze de la République est elle aussi décorée d'un grand V de la victoire.

RÉPUBLIQUE FRANÇAISE
LIBERTÉ - ÉGALITÉ - FRATERNITÉ
MINISTÈRE DE L'INTÉRIEUR
CARTE D'ÉLECTEUR
DÉPARTEMENT
SEINE
VILLE de PARIS

La vie politique

Tout au long du XXe siècle, la question de la place de la France dans le monde a dominé la vie politique, tout en soulevant le problème de l'approfondissement de la démocratie.

De 1900 à 1968, la vie politique est jalonnée de grands événements, intérieurs et extérieurs, qui en modifient le cours. Si le siècle commence par la consécration des institutions de la IIIe République, 1968 correspond à un moment de crise politique majeure qui, paradoxalement, finit par évacuer la question du régime au profit de questions de société. Jusqu'en 1968, les événements concernent la nature du régime républicain parlementaire et sa mise en question par ceux qui lui sont hostiles : monarchistes, fascistes, communistes – en émergent les variations d'« une certaine idée de la France » : si l'image de la France éternelle du général de Gaulle n'est pas celle du maréchal Pétain, les politiques de Léon Blum ou de Pierre Mendès-France inscrivent la France dans un processus de démocratisation et de modernisation.

Lors du congrès de Tours en 1920, une majorité de délégués vote en faveur de la IIIe Internationale et fonde le futur Parti communiste français. Autour de Léon Blum, une minorité préfère rester au sein de la SFIO.

Les premiers partis

Les partis politiques ne commencent à structurer la vie politique française qu'au lendemain de la loi de 1901 sur le droit

En juillet 1934, des militants des jeunesses antifascistes de la SFIO se rassemblent à la salle Bullier à Paris.

Homme mondain, ayant noué de nombreuses relations avec la presse, le monde politique et celui des affaires, Stavisky s'avère être un parfait escroc. La révélation du scandale politico-financier en 1934 provoque la chute du gouvernement Chautemps et déclenche de violentes émeutes antiparlementaires.

d'association. Cette loi représente l'une des premières mesures de la République radicale, qui s'installe à l'occasion de l'Affaire Dreyfus (1894-1906) : la Ligue des droits de l'homme (créée en 1898) et cette loi témoignent de la volonté des radicaux de respecter l'État de droit et de battre en brèche la raison d'État.

Considérée comme l'un des fondements des droits de l'homme, la reconnaissance du droit d'association favorise la naissance des partis politiques. Le premier parti créé est le parti radical, en 1901. Suit la SFIO, section française de l'Internationale ouvrière, créée en 1905 à l'initiative de Jean Jaurès qui réussit à regrouper les nombreuses formations de tendances marxistes ou socialistes.

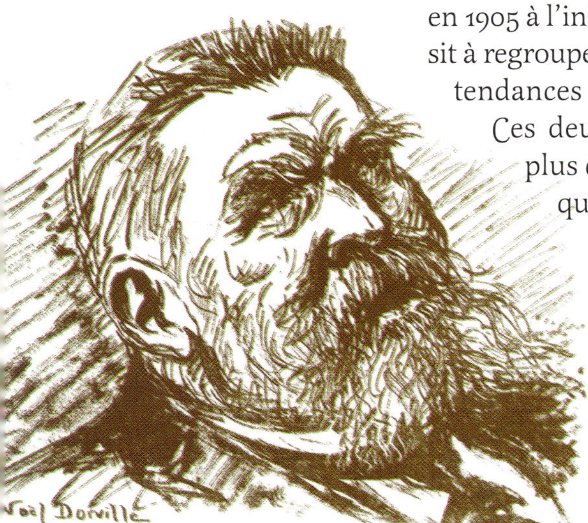

Ces deux partis prennent de plus en plus d'importance dans la vie politique à la veille de la Première Guerre mondiale, par leurs organes de presse — en particulier L'Humanité fondée par Jean Jaurès en 1904 —, et par leur influence dans les débats parlementaires : en 1914, ces partis de « gauche » sont majoritaires à la chambre des députés, ce qui leur permet de faire passer la loi des huit heures sur le temps de travail, avant de se rallier à l'Union sacrée et donc d'accepter la trêve des querelles partisanes pour mener à bien l'effort de guerre.

Les nouveaux partis

Au lendemain de la guerre de 14-18, et surtout après le triomphe des bolcheviks en Russie, les socialistes se divisent lors du congrès de Tours réuni en décembre 1920 : ceux qui acceptent de reconnaître les vingt-et-une conditions posées par Lénine créent le Parti communiste, inféodé à Moscou, tandis que les autres suivent Léon Blum dans sa volonté de refonder la SFIO.

Après près de quinze ans de tensions et de haine, le Parti communiste s'unit à la SFIO et au parti radical pour constituer le front antifasciste, à l'origine d'une alliance électorale, le Front populaire, qui remporte la majorité des voix lors des élections législatives de mai et juin 1936.

Puis, après l'élimination de l'État de Vichy, au moment de la Libération, alors que les partis de droite compromis par la collaboration sont temporairement exclus du jeu politique, un nouveau parti s'organise : le MRP (Mouvement républicain populaire), équivalent des partis démocrates

Défilé de la Ligue des croix de feu du colonel de La Rocque sur l'avenue des Champs-Elysées, le 14 juillet 1935.

chrétiens italiens ou allemands. Enfin, au fur et à mesure de l'évolution de la IVe République suivie de la mise en place de la Ve République, les organisations de droite se reconstituent (RPF, UNR) au gré de leurs objectifs politiques : modifier les institutions et mettre en place un pouvoir exécutif fort.

Défendre la République

Au cours des premières décennies, la vie politique est dominée par l'exigence d'enraciner la République en désamorçant le pouvoir de ses contempteurs. Tout d'abord, en réduisant au maximum le pouvoir de l'Église, ce qui se concrétise par la loi de séparation de l'Église et de l'État votée en 1905 au nom du principe de laïcité. Puis en refusant l'emprise des forces d'extrême droite, ce qui se manifeste par le procès de Déroulède, après sa tentative manquée de coup d'État, et par l'interdiction des ligues, telle celle des Croix de feu du colonel de la Rocque. « Le fascisme ne passera pas ! » devient le mot d'ordre fédérateur des républicains convaincus après le 6 février 1934.

Ce front antifasciste, fragilisé par le pacifisme viscéral dû au traumatisme provoqué par les horreurs de la Grande Guerre, est rompu au lendemain des accords de Munich signés le 30 septembre 1938 entre Hitler, Mussolini, Chamberlain et Daladier pour laisser Hitler annexer les Sudètes : l'opinion se divise alors en « munichois » favorables au maintien de la paix à n'importe quel prix et les « antimunichois » qui comprennent que la guerre contre Hitler est inévitable pour défendre les valeurs de la démocratie et donc le système républicain comme l'indépendance de la France.

Suite aux nombreuses diffamations et insultes proférées dans son journal, Léon Daudet est arrêté en juin 1927, dans les locaux de l'Action Française.

LE PETIT JOURNAL
ILLUSTRÉ

L'ARRESTATION DE M. LÉON DAUDET

LE GRAND QUOTIDIEN ILLUSTRÉ
AUJOURD'HUI
VINGT PAGES 25 CENTIMES

Paris en pleine émeute

Lors des émeutes du 6 février 1934, l'opinion publique s'est embrasée et a cru pendant quelques heures à un coup d'État. Les Camelots du roi (service d'ordre de l'Action française) étaient armés de cannes, dont la figure du pommeau ne dissimulait pas leur antisémitisme.

« Ici Londres ! Les Français parlent aux Français… ». Sous l'Occupation, la radio est devenue une véritable arme de guerre. Malgré les brouillages et les risques encourus, les Français écoutent attentivement les nouvelles de Radio Londres plutôt que celles diffusés par Radio Vichy.

La Résistance

Au moment où, en juin 1940, le gouvernement français décide d'abandonner le combat, préférant « Hitler à Léon Blum », quelques-uns, dont le général de Gaulle, refusent cet état de fait et décident de « résister », c'est-à-dire de s'élever contre les ordres du gouvernement. Si leurs mobiles sont variés, ils sont tous animés par la volonté de lutter pour l'indépendance de la France et pour défendre des valeurs républicaines. Ceux qui choisissent de rejoindre le général de Gaulle à Londres constituent la Résistance extérieure, tandis que d'autres s'organisent en réseau à l'intérieur de la zone occupée, comme de la France libre. Au risque de leur vie et de leur liberté, les Résistants multiplient les actes de sabotages, les attaques contre l'occupant allemand (la Résistance armée) et diffusent des journaux clandestins destinés à contrer la désinformation et à préserver la culture française (la Résistance intellectuelle).

Au fur et à mesure des événements qui jalonnent la guerre de 39-45 (attaque de l'URSS, juin 1941 ; STO [travail obligatoire], 1942 ; débarquements pour partir à l'assaut de la « forteresse Europe », 1944), les rangs de la Résistance grossissent,

Embusqués derrière leur barricade, ces partisans attendent le passage de l'arrière-garde allemande lors de la Libération de Paris.

tandis que des « Justes » exposent leur vie pour sauver les Juifs victimes des rafles ordonnées par le gouvernement de Vichy et mises en œuvre par la police et la milice (créée en 1943) françaises.

La fin de la colonisation

En 1931, le gouvernement français organisa une vaste Exposition coloniale à la porte de Vincennes de façon à enthousiasmer l'opinion publique jusque-là trop peu concernée par l'aventure coloniale de la « Grande France ». La campagne de publicité, fort bien orchestrée, conjuguée avec une mise en scène très attractive permit à cette manifestation de connaître un immense succès (des millions de visiteurs) à l'heure même où les mouvements politiques anticolonialistes commençaient à s'affirmer dans les différentes colonies : en Indochine avec Ho Chi Minh, en Tunisie avec le Néo-Destour de Bourguiba, en Algérie avec Messali Hadj et Ferhat Abbas, et au Maroc derrière le sultan Mohammed V. La défaite de la France en 1940 fut le signal de l'émancipation pour les colonies : le 8 mai 1945, le jour de la capitulation allemande, les massacres de Sétif marquent la réaction du gouvernement français à la volonté d'indépendance de l'Algérie, mais le 2 septembre 1945, Ho Chin Minh réussit à proclamer la république démocratique du Vietnam. Dans ce contexte tendu, les dirigeants de la toute nouvelle IVe République s'orientèrent vers une solution politique en instituant l'Union française qui reconnaissait un statut d'autonomie à certaines colonies. Pour l'Indochine, les accords Ho Chi Minh-Sainteny, signés le 6 mars 1946 dans cette optique de solution politique, furent vite dénoncés par les partisans de la domination coloniale : le bombardement d'Haïphong en décembre 1946 ne fut que l'occasion de la guerre d'Indochine. Cette guerre faite par

12 Pages

Le Petit Journal illustré

HEBDOMADAIRE
61, rue Lafayette, Paris

PRIX : 0 fr. 30
9 Décembre 1923

La Voix Mystérieuse

Les concerts par T. S. F. ne ravissent pas seulement les mélomanes de France. Les ondes sonores s'étendent maintenant au delà des mers et des saharas. C'est vraiment une musique céleste que les nègres du Centre-Africain écoutent avec un effarement presque comique, sous le regard amusé des Européens.

Parmi les bienfaits de la colonisation vantés par le gouvernement figurait en bonne place l'éducation des populations locales, jugées intellectuellement inférieures et inaptes au progrès.

Instauré en France en 1941, le port de l'étoile jaune était obligatoire pour tous les Juifs à partir de l'âge de six ans. Cette mesure avait été mise en vigueur en Allemagne à l'approche de la guerre.

Ce partisan Viet-Minh surveille l'arrivée des renforts de la Légion étrangère française. À l'approche de la défaite, les parachutages désespérés se sont multipliés, les soldats français refusant d'abandonner leurs camarades.

l'armée de métier ne se termina qu'en 1954 avec la défaite de Dien Bien Phu (7 mai) suivie de la signature des accords de Genève par Pierre Mendès-France et Ho Chi Minh.

Sur cette lancée, Pierre Mendès-France mit en place le processus de décolonisation de la Tunisie et du Maroc (indépendants en 1956). Pour l'Algérie, la situation plus complexe liée à la présence des colons européens, le président du Conseil (chef du gouvernement) fut confronté au déclenchement de la guerre en novembre 1954.

C'est le général de Gaulle qui, revenu au pouvoir après le putsch du 13 mai 1958, réussit à mettre fin à la guerre, quand il comprit que la France perdait son âme et ternissait son image internationale dans la poursuite du conflit. Largement poussée par l'opinion publique qui multiplia les manifestations, la politique algérienne de de Gaulle se déroula en plusieurs étapes avant d'aboutir aux accords d'Évian en 1962.

Vers un changement de régime

Au lendemain des années noires, les électeurs (les femmes votent pour la première fois) se prononcent pour un changement de régime. Mais l'établissement de la nouvelle République ne s'effectue pas sans mal : les trois partis de gauche, PC, SFIO et MRP, contre la volonté de de Gaulle partisan d'un pouvoir exécutif fort, finissent par proposer la solution d'un régime d'assemblée reposant sur l'alliance des trois partis de gouvernement et contrebalancé par la création d'une seconde chambre.

Le tripartisme s'avère inopérant dans le contexte de la guerre froide qui oppose le monde dit « libre » au monde communiste. Ainsi, la rupture de mai 1947 – avec le renvoi des ministres communistes, suivie de l'inquiétante agitation sociale de la fin de l'année 1947 et de l'annonce du « grand soir » pour certains, à laquelle répond la création des CRS – est à l'origine de l'impuissance de la IVe République. Pris entre l'opposition des communistes et celle de de Gaulle qui a créé le RPF (Rassemblement du peuple français), la SFIO et le MRP sont réduits à n'être plus que la « troisième force ».

Après cette période de peur sociale, la droite revient au pouvoir avec Antoine Pinay en 1952 qui rassure les épargnants avec son emprunt indexé sur l'or. Mais la persistance des tensions sociales (grève des postiers et à la SNCF pendant plusieurs mois en 1953) et surtout la « sale guerre d'Indochine » favorisent le choix de Pierre Mendès-France comme président du Conseil. Ses causeries du samedi soir et le symbole du verre de lait distribué à tous les écoliers ne suffisent pas pour que la Chambre lui permette de poursuivre sa politique de modernisation de la France.

L'impuissance croissante de la IVe République et, avant elle, la crise des années 1930 ont contribué à introduire l'idée qu'un régime républicain et un pouvoir exécutif fort ne sont pas par essence inconciliables. Souhaité par de Gaulle dès son discours de Bayeux le 16 juin 1946, le pouvoir exécutif qui a les moyens de gouverner est mis en place par la Constitution de la Ve République, acceptée par les Français à l'issue du référendum de septembre 1958.

Après l'attentat du Petit-Clamart (1962), de Gaulle réussit à faire inscrire l'élection du président de la République au suffrage universel, de façon à rendre la fonction présidentielle indépendante du jeu des partis.
La nouvelle République représente donc une synthèse entre une monarchie de type ancien et une République, dans la mesure où elle combine un exécutif puissant et hiérarchisé — le président de la République a la préséance sur le Premier ministre —, avec un régime parlementaire « rationalisé », qui prive le Parlement d'une bonne partie de son pouvoir législatif et de ses moyens de contrôle sur le gouvernement.
Cette toute-puissance de l'État, doublée d'une offensive contre le système des partis, devient vite insupportable aux Français qui, derrière François Mitterrand voient dans la Ve République un « coup d'État permanent ». Le rejet de cette autorité autoritariste s'effectue en Mai 68. Or, au lieu d'interpréter la « crise de Mai » comme un avertissement, de Gaulle tient à conserver la direction des affaires politiques : pourtant, face à la montée des oppositions, dont celle de son propre camp, il met sa fonction en jeu lors du référendum du 27 avril sur la réforme du Sénat et la participation. Le « non » l'ayant emporté, il démissionne le 28 avril 1969.

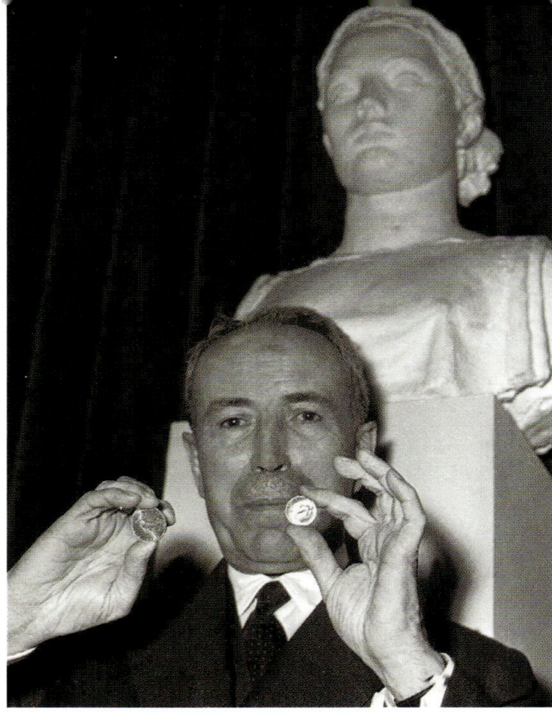

Le 14 juin 1959 à l'hôtel de la Monnaie, Antoine Pinay, ministre des Finances, présente les nouvelles pièces de 5 et 10 F qui seront mises en circulation à partir du 1er janvier 1960. Ces nouveaux francs seront également appelés « francs-Pinay ».

De Gaulle et le chancelier Adenauer (1876-1967) lors de l'une des rencontres franco-allemandes qui ont transformé les anciens ennemis en moteur de l'expansion européenne.

Même si le souvenir des massacres de 1914 est encore présent, les appelés français se résignent à leur devoir en septembre 1939.

Les guerres et les conflits

La période 1900-1968 est jalonnée par les deux conflits mondiaux et leur cortège d'horreurs, par la guerre civile espagnole, par les combats liés à la guerre froide, et par le processus de décolonisation.

Le XXe siècle concentre les conflits les plus meurtriers de l'histoire du monde. La brutalité érigée en valeur officielle a créé les conditions favorables à l'installation du fascisme et du nazisme. Faisant de la théorie raciste en outil de pouvoir, les nazis ont cherché à détruire systématiquement, à l'aide de méthodes industrielles, les Juifs d'Europe, les Tsiganes et tous ceux qu'ils considéraient comme indésirables. Cet assassinat de masse — désigné par le terme de « Shoah » — représente une rupture irrémédiable dans l'histoire de la civilisation occidentale. Les nouveaux types de conflits dans le contexte d'affrontement idéologique entre les États-Unis et l'URSS au temps de l'arme nucléaire (la « guerre froide ») contribuent à l'instabilité géopolitique qui, paradoxalement, caractérise le monde depuis 1945.

L'arrivée des troupes allemandes sur le sol français jette des milliers de citadins sur les routes en direction du sud, emportant avec eux le maximum dans des charrettes de fortune.

La Grande Guerre

Pendant plus de 4 ans, la Grande Guerre qui ne devait durer que quelques mois a mis face à face les forces vives de la France et de

Même si en 1918 les scènes de liesse lors de la Libération des territoires occupés sont de moindre amplitude qu'en 1944, la population a mis son point d'honneur à fêter ses héros.

l'Allemagne, tout en s'étendant au monde entier à partir de 1917 avec l'entrée en guerre des États-Unis. Si ses origines immédiates tiennent à la réorganisation géopolitique de l'Europe concrétisée par la victoire allemande de 1870-1871, et à l'impérialisme (la Weltpolitik) de l'empereur Guillaume II à partir des années 1890, ses causes profondes sont à chercher du côté des modifications politiques et sociales liées au processus d'industrialisation. En effet, la force du mouvement ouvrier organisé en Internationale, et l'extension du suffrage universel entraînent la crispation des classes politiques qui détenaient jusque-là le pouvoir sans avoir à le partager. À la veille de la déclaration de guerre, le 31 juillet 1914, l'assassinat de Jean Jaurès, grand orateur socialiste et militant de l'Internationale, est le symbole de cette dimension de la guerre.

Le déroulement des opérations militaires déjoue très vite les plans des états-majors qui sont alors obligés d'improviser : aux tranchées se faisant face le long de la ligne du front au nord de la France, s'ajoute la diversion sur d'autres terrains d'opération (les Dardanelles et Salonique, ainsi que la guerre sous-marine). L'arrivée des tanks américains, l'épuisement des réserves des « empires centraux » et le sursaut politique incarné par Clemenceau le « Tigre » – « la guerre est une chose trop importante pour la laisser aux militaires » disait-il – ont enfin permis la fin des combats et la signature de l'armistice le 11 novembre 1918.

En France, la société a été fortement éprouvée par la guerre : l'arrière comme

EDITION DE 5 HEURES DU MATIN

L'AURORE

LE JOURNAL

DIX centimes le numéro

Dimanche 29 Juin 1919

LE CREPUSCULE

La Paix est signée

Dans cette Galerie des Glaces, qui vit l'injustice de 1871, l'Allemagne a reconnu sa défaite

L'ALLIANCE FRANCO-ANGLO-AMÉRICAINE EST CONCLUE

18 janvier 1871 — 28 juin 1919

Les conditions du Traité de Versailles provoquent le ressentiment du peuple allemand et conduisent à la guerre de 1939.

le front ont donné des signes de faiblesse en particulier en 1917, sous forme de mutineries ou de grèves, telle celle des cousettes à Paris.

L'entre-deux-guerres

Tandis qu'en France la mémoire de la guerre et de l'immense sacrifice humain qu'elle a exigé (1,450 million hommes) se matérialise dans les monuments aux morts et l'organisation des Anciens combattants (qui obtiennent un ministère), dans les pays qui se sentent lésés par le traité de Versailles — Italie, Allemagne, Hongrie — le sentiment de frustration nationale donne naissance aux mouvements fascistes, proches de l'extrême droite sur le qui-vive dans bien des pays européens.

En Espagne, au cours des années 1930, la pression de l'extrême droite militariste s'exerce victorieusement contre les républicains qui viennent de se débarrasser de la monarchie et de mettre sur pied un gouvernement de « Frente popular ». Alors que le gouvernement du Front populaire français décide la « non-intervention » en Espagne, Hitler et Mussolini aident Franco, ce qui leur permet de tester leur tactique et leur armement : le bombardement de la petite ville basque de Guernica, le 26 avril 1937 à l'heure du marché par les stukas nazis est resté dans toutes les mémoires. Cette horreur a été immortalisée par Picasso dans son immense tableau, *Guernica*, peint pour le pavillon espagnol de l'Exposition internationale de 1937 à Paris. Ceux qui refusèrent la politique de « non-intervention » s'enrôlèrent dans les brigades internationales : leur participation a été consacrée par le roman de Malraux, *L'Espoir*. Les réfugiés républicains ont d'abord été accueillis par la France, avant d'être considérés comme indésirables, et parqués dans des camps proches de la frontière espagnole : ces camps, anticipant ceux des nazis, ont servi de camps de déportation et de concentration pendant la Seconde Guerre mondiale, tels Gurs et Rivesaltes.

VU

LIRE DANS CE NUMÉRO

•

L'AFFAIRE FROGÉ PAR J.-A. DUCROT

•

ATTRAPE-NIGAUDS PAR MAURICE LEROY

•

LE DUCE GUIDE LE FUHRER

M. Mussolini accueille le chancelier Hitler à sa descente d'avion, sur l'aéroport de Venise.

Les démonstrations de force des armées italiennes et allemandes n'étaient pas inconnues des Français, qui ont préféré croire au pacifisme jusqu'au bout.

Lors de la guerre d'Espagne de 1936-1939, ces partisanes confectionnent un drapeau pour les Brigades internationales, dans lesquels s'engageront de nombreux Français.

La foule acclame Édouard Daladier en 1938 après la signature des accords de Munich. Bien loin de contenter Hitler, ces accords ont au contraire confirmé la faiblesse de la France, qui a trahi ses accords avec la Tchécoslovaquie au nom du pacifisme.

FRANCE

HEBDOMADAIRE CENTRAL DU PARTI COMMUNISTE FRANÇAIS

DIRECTEUR POLITIQUE - FLORIMOND BONTE - DÉPUTÉ DE PARIS

LE CŒUR DE STALINE
l'illustre compagnon d'armes et le prestigieux continuateur de Lénine le chef, l'ami et le frère des travailleurs de tous les pays
A CESSÉ DE BATTRE

MAIS LE STALINISME VIT
IL EST IMMORTEL

Le nom sublime du maître génial du communisme mondial resplendira d'une flamboyante clarté à travers les siècles et sera toujours prononcé avec amour par l'humanité reconnaissante

A STALINE, A TOUT JAMAIS
NOUS RESTERONS FIDELES

LES COMMUNISTES S'EFFORCERONT DE MÉRITER
par leur dévouement inlassable à la cause sacrée de la classe ouvrière, du peuple, de la démocratie et du socialisme, de la souveraineté, de l'indépendance nationale et de la paix
LE TITRE D'HONNEUR DE STALINIEN

GLOIRE ETERNELLE
AU GRAND STALINE

dont les magistrales œuvres scientifiques impérissables nous aideront à rassembler la majorité du peuple et à devenir la force dirigeante de la Nation

SOUS LE DRAPEAU INVINCIBLE DE STALINE
en prenant pour modèle son glorieux Parti Communiste nous marcherons sur le chemin de la victoire
NOUS FERONS UNE FRANCE LIBRE, FORTE ET HEUREUSE

D'une guerre à l'autre

Préparé par les violations successives des clauses du traité de Versailles par Hitler (service militaire obligatoire, remilitarisation de la Rhénanie, Anschluss, puis annexion des Sudètes), le second conflit mondial débuta avec l'invasion de la Pologne sans déclaration de guerre, le 1er septembre 1939 : Hitler voulait récupérer le corridor de Dantzig. Les démocraties occidentales, France et Royaume-Uni, qui jusque-là avaient laissé faire Hitler, finirent par intervenir : elles déclarèrent la guerre tout en se repliant derrière une stratégie défensive qui fut à l'origine de la « drôle de guerre ». C'est donc contre une armée française démoralisée par l'inaction que Hitler lança son offensive foudroyante le 10 mai 1940 : la débâcle se doublant d'une crise politique, un armistice fut vite signé (le 22 juin) qu'une victoire des nazis sur le « bolchevisme » permettrait la « régénération » et le « redressement moral » auxquels ils aspiraient. Grâce à la collaboration d'État (établie par l'entrevue de Montoire entre Pétain et Hitler, le 24 octobre 1940), Hitler progressa dans l'organisation d'une Europe allemande. Mais plusieurs facteurs, qui eurent un rôle décisif dans la Libération, se conjuguèrent pour déjouer ses plans : les exigences en ravitaillement d'une guerre plus longue que prévue, l'organisation des Nations unies autour de l'intervention en guerre des États-Unis (décembre 1941) et le poids de la Résistance unifiée par Jean Moulin en 1943.

1947 : la guerre froide

La Grande Alliance, scellée par les conférences de Téhéran (novembre 1943) et de Yalta (février 1945) qui réunirent Staline, Roosevelt et Churchill, parvint à faire capituler l'Allemagne (le 8 mai 1945) tout en préparant les conditions de la paix. La conférence de Potsdam (juillet 1945) statua sur le sort de l'Allemagne et sur celui de la Pologne, qui furent désormais dotées d'une nouvelle frontière : la ligne Oder-Neisse (c'est-à-dire que la Pologne était déplacée vers l'ouest comme si elle avait été un meuble). Dès cette conférence, la rupture entre Staline et les Alliés occidentaux sembla imminente.

La rupture devint effective en 1947 à la suite du discours de Truman (mars) posant la doctrine de l'endiguement des forces communistes, puis de celui de Marshall (juin) proposant le plan d'aide économique aux pays qui souhaitent sortir de leur misère en évitant les risques d'une subversion révolutionnaire. La réponse soviétique fut énoncée par Jdanov, l'idéologue du régime stalinien, lors d'une conférence de tous les partis communistes européens : le camp « impérialiste », liberticide était désigné de manière très précise.

À la suite de ces prises de position idéologiques, l'URSS constitua le « bloc communiste » composé de pays satellites regroupés dans le CAEM (1948) et protégés par le pacte de Varsovie (1955), tandis que les États-Unis se mettaient à la tête du « monde libre » en intégrant l'OTAN et en multipliant les pactes militaires avec tous les pays qui permettaient l'encerclement, et donc l'endiguement, de l'URSS.

En France, ceux qui penchaient en faveur de l'URSS soutinrent le « mouvement de la paix », manipulé secrètement par Moscou, manifestant contre la venue du général Ridgway en 1952 aux cris de « Us go home » ou de « Ridgway la peste », puis contre l'exécution des Rosenberg (en 1953).

Un officier américain porte assistance à une victime des camps nazis. La découverte des camps de la mort a été un choc pour la plupart des soldats alliés, même si le haut commandement en connaissait l'existence depuis 1943.

Le 11 février 1945, assis de gauche à droite, les trois grands vainqueurs de la Seconde Guerre mondiale, Winston Churchill, Franklin D. Roosevelt et Staline se mettent d'accord sur les modalités de la fin de la guerre, notamment la capitulation sans conditions de l'Allemagne, et signent une déclaration sur l'Europe libérée, stipulant que tout pays libéré peut choisir librement son système politique et donc sa forme de gouvernement.

À Budapest (Hongrie), le 23 Octobre, une manifestation étudiante réclame le retour de Imre Nagy, l'ancien premier ministre déchu par les Soviétiques. La police secrète (AVO) est incapable d'endiguer le flux des partisans et demandera l'intervention des chars russes.

Le déplacement des conflits

La guerre froide est une expression qui désigne dès 1947 une rivalité géopolitique, qui se greffe sur une opposition idéologique radicale entre les deux « grands » à l'époque de l'arme nucléaire. Comme il était bien trop risqué de se combattre directement, les deux puissances s'affrontèrent de manière indirecte, par pays interposés.

Ce fut d'abord le blocus de Berlin (juin 1948-mai 1949), conflit qui aboutit à la division de l'Allemagne en deux États (1949), puis ce fut la guerre de Corée (1950-1953) qui ravagea la Corée du Nord et la Corée du Sud sans modifier le *statu quo ante*.

Puis, au temps de la coexistence pacifique, ce furent des conflits internes à chaque bloc, qui ont pu avoir lieu parce que chacun était certain que l'autre ne bougerait pas : le renversement du gouvernement Mossadegh en Iran par les Américains, en 1953, comme la répression de l'insurrection de Budapest par les chars soviétiques en novembre 1956, mettaient en évidence la liberté d'action de chacun des deux « grands » dans leur camp respectif.

Pourtant, en octobre 1962, la crise des fusées de Cuba mit le monde au bord du gouffre :

Kennedy prit le risque nucléaire de faire reculer Khrouchtchev, qui accepta à condition que le régime castriste ne soit pas renversé et que les États-Unis retirent leurs fusées installées en Turquie (pays frontalier de l'URSS). Mais Kennedy entraîna les États-Unis dans la guerre du Vietnam (1954-1973) pour empêcher ce pays de devenir communiste.

À Cuba, Fidel Castro, à la tête de la guérilla (1953-1956), parvient à chasser le dictateur Battista.

Les conflits périphériques

Malgré leur volonté d'emprise sur l'ensemble du monde, le condominium bipolaire ne fonctionna que lors de l'opération militaire franco-britannique en Égypte lors de la crise du Canal de Suez que Nasser venait de nationaliser (discours du 26 juillet 1956). Le projet franco-britannique élaboré pour défendre les positions impérialistes des anciennes puissances coloniales fut stoppé par l'accord et la menace nucléaire des deux « grands ». Présents l'un et l'autre par conséquent au Moyen-Orient, ils ne réussissent pas, malgré tout, à en prendre le contrôle, ni ensemble, ni séparément, car ils se heurtent l'un comme l'autre à la volonté d'hégémonie régionale de la Syrie, de l'Égypte, de la Libye et de l'Irak. Ces rivalités régionales trouvèrent leur abcès de fixation dans les guerres israélo-arabes. La première guerre suit immédiatement le partage de la Palestine par l'ONU en 1947 : elle éclate le lendemain de la création de l'État d'Israël, le 15 mai 1948. Victorieux, Israël étend son territoire à la faveur du conflit. La deuxième guerre correspond à la crise de Suez en 1956, quand Israël s'implique dans l'attaque franco-britannique. La troisième, la « Guerre des six jours », a lieu en juin 1967 : alors qu'Israël a déjà conquis le plateau du Golan, la Cisjordanie, la bande de Gaza et le Sinaï, l'ONU exige la fin des combats et vote la résolution 242, qui impose le retrait de l'armée israélienne des territoires occupés. La quatrième guerre est celle dite du « Kippur » : elle a lieu en octobre 1973 à l'initiative de l'Égypte ; pour faire pression sur les belligérants, les pays arabes producteurs de pétrole et créateurs de l'OPEP en 1960 brandissent « l'arme du pétrole » contre Israël et ses alliés occidentaux.

Manifestation contre l'OAS en France, à l'appel des principaux partis et syndicats de gauche.

Pablo Picasso et Jacques Prévert ont incarné, dans leur discipline respective, une culture moderne en rupture avec l'académisme.

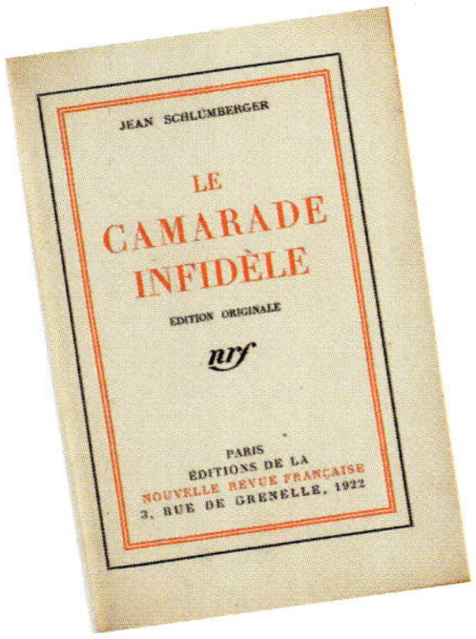

Rupture culturelle

Le siècle connaît plusieurs bouleversements, à commencer par celui de la culture de masse, avant que ne s'impose l'idée d'une « culture pour tous », vite remplacée par l'affirmation d'une culture jeune en rupture avec la culture « classique ».

L'INVENTION du cinéma, le développement de la grande presse, le brassage opéré par le service militaire, la généralisation des manuels scolaires d'une école devenue obligatoire, la standardisation de l'industrie des biens de consommation sont les différents éléments qui conjuguent leurs effets, dès le début du XXe siècle, pour produire une culture dite de « masse ». Puis, après l'ouverture culturelle du Front populaire et de la Libération, les années de grande croissance s'accompagnent d'un nouveau bouleversement : l'avènement de la « culture jeune » et le développement d'une consommation culturelle en rupture avec la notion traditionnelle de culture qui, faite par et pour une élite, repose sur la création et non sur l'innovation commerciale.

Journaliste à *L'Express*, Françoise Giroud a fait figure d'intellectuelle engagée et novatrice, militant entre autres pour le droit à l'avortement.

La grande presse

La grande presse qui a trouvé une large audience à la faveur de l'affaire Dreyfus (1894-1906) garde le monopole de l'information

Cette image du film de Georges Méliès, *Le Voyage dans la Lune* (1902) restera gravée dans tous les esprits, comme celle des débuts du cinéma.

jusqu'à l'avènement de la radio qui se généralise au cours des années 1930 (en 1914, la presse quotidienne représente près de 10 millions d'exemplaires vendus chaque jour). Bénéficiant de l'extension du réseau ferroviaire, et de la vitesse croissante des transports, les grands journaux publiés à Paris, comme *Le Petit Journal* (créé en 1863, tire à un million d'exemplaires en 1900), *Le Petit parisien*, *Le Matin*, *Le Journal*, *L'Humanité* (créée par Jean Jaurès en 1904), sont lus dans toute la France. La grande presse modèle donc l'opinion, tenant en haleine ses lecteurs par des faits divers (accidents, meurtres, suicides, bagarres de rues, inondations, catastrophes naturelles), par des histoires d'espionnage, par des feuilletons et par de la publicité.

Le grand « reporteur », présent partout et qui fascine par sa hardiesse et son savoir, a été immortalisé par Rouletabille, héros de Gaston Leroux dans *Le Mystère de la chambre jaune*, publié en 1907, en supplément dans *L'Illustration*. Autre exemple de la puissance de la presse : en 1919, pendant plusieurs mois, l'affaire Landru fait la une de tous les quotidiens à l'exception de *L'œuvre*.

Malgré la censure (dénommée « anastasie ») et le « bourrage de crânes », outil de propagande et de désinformation orchestré par le gouvernement pendant la guerre de 14-18, le premier numéro du journal satirique et critique, *Le Canard enchaîné*, paraît en 1916 (en 2011, il est dans sa 96e année).

La bande dessinée

La bande dessinée bénéficia du développement de la grande presse et de l'engouement pour l'image avant de devenir une forme de publication autonome au cours des années 1930. Bécassine, héroïne d'albums destinés aux enfants et insérés dans la *Semaine de Suzette*, a fini par acquérir une telle popularité qu'elle sera longtemps commercialisée sous forme de poupée ou de gadgets.

Au moment où la « bulle » se généralise donnant ainsi la priorité à l'image — le texte se bornant au dialogue —, d'autres personnages issus de l'univers de la BD, s'imposent peu à peu : tout particulièrement Tintin toujours accompagné de son chien Milou comme du capitaine Haddock et toujours en but à la bêtise des deux policiers, Dupont et Dupond ; également les Pieds nickelés,

puis plus tardivement *Astérix* et consorts. Pour fidéliser un public populaire, des périodiques constitués de bandes dessinées se développèrent : *Tintin, Pilote, Spirou*...

Interprète de ses propres œuvres, Sacha Guitry (1885-1957), signe quelque 139 pièces.

Le cinéma muet

Depuis son invention par les frères Lumière en 1894 et sa transformation en réalisation de spectacles poétiques par Georges Méliès (1861-1938) avec *Le voyage dans la lune* en 1902, le cinéma n'a cessé de se développer pour devenir un loisir de masse, accessible aux familles les plus humbles : la culture ouvrière du début du siècle s'est forgée autour de la fréquentation des salles de quartier — ce que rendait possible l'obligation du repos hebdomadaire à partir de 1906.

Les séances de cinéma furent très vite accompagnées de la présentation des actualités filmées qui étaient très prisées car elles donnaient l'impression d'assister aux grands événements en direct, animant les photos de grands reportages publiés dans la presse — en particulier celles d'Albert Londres (1884-1932), qui fut correspondant de guerre au *Matin* et au *Petit Journal* en 1915, puis auteur de nombreux reportages dénonçant les injustices à travers le monde.

Avant l'avènement du cinéma parlant à la fin des années 1920, les grands films, devenus de véritables films culte, sont ceux d'Abel Gance (1889-1981), en particulier *Napoléon* (1927) qui reconstituait les heures de gloire de la Révolution française et de l'Empire (il fut sonorisé en 1934), ainsi que *Metropolis* (1927) film expressionniste de Fritz Lang et les films de Charlie Chaplin (1889-1977), dont les courts métrages réjouissaient les familles *(Charlot soldat, The Kid)* comme ses grands films, *Les Temps modernes* (1936), *Le Dictateur* (1940) qui dénonçaient l'aliénation de la vie industrielle moderne tout autant que les dangers politiques du nazisme.

La chanson

Mode d'expression traditionnel d'une opinion publique qui, avant le temps de la grande presse, se constituait spontanément

Après trois années de tournage (1925-1927), le *Napoléon* d'Abel Gance est sonorisé en 1934. Le cinéaste réunit les plus grands acteurs (ici Antonin Artaud) et les meilleurs techniciens.

Rendu célèbre en 1957 par sa chanson *Quand on n'a que l'amour*, Jacques Brel a développé une œuvre sur le thème de l'amitié. Son jeu de scène reposait sur une gestuelle particulière.

sur le vif, la chanson trouva ensuite son lieu d'élection au music-hall et dans les cabarets, et bénéficia de l'invention du phonographe et des 78-tours (apparus vers 1930), puis du 33-tours (en 1950). Les chansonniers, qui savent être témoins de leur temps tout en divertissant, contribuèrent à forger la culture d'un public populaire qui se retrouve pour écouter ou pour chanter les chansons de Tino Rossi, de Maurice Chevalier, de Charles Trenet, de Boris Vian, d'Édith Piaf, de Georges Brassens, de Gilbert Bécaud, de Charles Aznavour, d'Yves Montand, de Léo Ferré, de Jean Ferrat, de Jacques Brel, de Mireille Mathieu, de Paul Anka ou de Johnny Halliday tour à tour à la mode.

La création artistique

Parallèlement à l'avènement de la culture de masse, la culture d'élite ne cesse de se renouveler : les peintres expérimentent sans relâche de nouvelles façons de peindre tandis que les compositeurs de musique poussent toujours leurs recherches de l'inouï et que les écrivains s'exercent à des manières d'écrire inédites.

Différents mouvements de peinture se succèdent : le fauvisme consacré par le Salon d'automne en 1905 avec Vlaminck, Matisse,

Marquet, Dufy, Van Dongen; suivi du cubisme avec Braque, Picasso, Juan Gris, puis du surréalisme de Max Ernst ou de Francis Picabia. Pourtant, certains peintres restent fidèles à leur propre façon de peindre, tel Balthus (1908-2001) qui s'inspira des fresques de la Renaissance italienne.

Pour la musique, ce sont les succès de scandale qui se multiplient à la suite de celui de *Pelléas et Mélisande* de Claude Debussy en 1902 à l'Opéra-Comique, puis de celui du *Sacre du printemps* de Stravinski, lors de l'inauguration du Théâtre des Champs Élysées, en 1913 : entre autres scandales celui provoqué par l'humour grinçant d'Éric Sati qui érige une machine à écrire en nouvel instrument de musique, ou ceux dus à l'audace d'Edgar Varèse qui, en 1921, intègre le bruit de deux sirènes dans sa pièce pour orchestre intitulée *Amériques*, comme à celle de Ravel qui ose construire sa pièce pour orchestre intitulée *Le Boléro* sur la répétition infinie du même motif rythmique et mélodique. Ainsi, lors de sa création à l'Opéra de Paris, en 1928, cette musique déchaîna une fureur hystérique : « Au fou ! » se serait écriée une auditrice.

La littérature

Quant à la littérature, elle est marquée par la poésie d'Apollinaire (1880-1918), de Robert Desnos (1900-1945), de Jacques Prévert (1900-1977), par les romans d'André Gide (1869-1951) et par l'écriture précise et rythmée de Marcel Proust (1871-1922) avant de l'être par les revendications du *Manifeste du surréalisme* rédigé par André Breton (1896-1966) et publié en 1924.

Peu ou prou, tous les grands écrivains et poètes subissent l'influence du surréalisme avant de s'en dégager pour créer leur propre style, tels le romancier Julien Gracq (1910-2007) ou le poète René Char (1907-1988).

Au cours des premières décennies du XXe siècle, le rayonnement de la littérature et de la pensée françaises est consacré par l'attribution de plusieurs prix Nobel : en 1901, au poète Sully Prudhomme ; en 1915, au romancier et essayiste Romain Rolland ; en 1921, au romancier Anatole France ; en 1927, au philosophe Henri Bergson ; en 1937, au romancier Roger Martin du Gard ; en 1947, au romancier André Gide ; en 1952, au romancier François Mauriac ; en 1957, au romancier Albert Camus ; en 1960, au poète Saint-John Perse ; en 1964, au romancier et philosophe Jean-Paul Sartre qui le refuse.

La démocratisation de la culture

C'est le Front populaire qui, en 1936, se soucie le premier de politique culturelle. « La culture au service de tous » déclarait Jean Zay, ministre de l'Éducation nationale entre 1936 et 1939. Ce dernier mit en place des bibliobus et développa le théâtre populaire. Le gouvernement avait la volonté de donner au plus grand nombre les « outils » nécessaires à la réflexion intellectuelle et politique. Dans cette perspective, la journée de travail

Les Chaussettes noires ont été le premier groupe de rock français qui a contribué au succès de ce genre musical.

fut réduite à 8 heures, l'obligation scolaire passa de 13 ans (1892) à 14 ans et le grand lycée devint entièrement gratuit - les livres et le matériel scolaire restant toutefois à la charge des familles. Sur cette lancée, en septembre 1936, Henri Langlois, Georges Franju et Jean Mitry fondèrent la cinémathèque. Les films de Jean Renoir — *La Marseillaise* (1936) et *La Grande illusion* (1937) —, ainsi que ceux de Marcel Carné et de Jacques Prévert témoignent de cette ouverture culturelle : que ce soit *Quai des brumes* avec Jean Gabin et Michèle Morgan, *Les Visiteurs du soir* (1942) ou *Les Enfants du paradis* (1944).

D'Avignon au TNP

Puis, dans le but de poursuivre cette démocratisation de la culture, le festival d'Avignon est créé en 1947, par Jean Vilar (comédien et metteur en scène), Christian Zervos (éditeur d'art) et Georges Pons (maire de la ville) : la « Semaine d'art en Avignon » qui eut lieu du 4 au 10 septembre 1947 dans l'enceinte du Palais des papes, comprenait trois volets : peinture, théâtre et musique. Ainsi, des œuvres de Picasso, Braque, Matisse, Léger, Klee, Miro, Giacometti furent exposées, tandis que le chef d'orchestre Roger Désormière dirigeait des musiques de Guillaume de Machaut, François Couperin, Igor Stravinski, Darius Milhaud et que Jean Vilar

Comédien talentueux, Gérard Philippe (1922-1959) a incarné la beauté masculine et sa mort prématurée en a fixé à jamais sa notoriété.

Jean Vilar, ici au festival d'Avignon en 1955, souhaitait un théâtre de qualité ouvert au grand public.

mettait en scène des pièces du répertoire classique devant un public populaire. En 1948, cette « Semaine » se transforma en « Festival d'art en Avignon ».

Jean Vilar, qui n'eut de cesse de briser les cercles des publics traditionnels pour développer « un théâtre fait de grandeur, de tradition et d'audace », créa le TNP (Théâtre national populaire) en 1951, dans le même but que le festival d'Avignon : diffuser l'art dramatique au public le plus large possible. Il disposa pour cela de l'immense salle du théâtre de Chaillot à Paris.

Ces deux inventions, qui se confondent dans les mémoires, furent incarnées par Gérard Philippe (1922-1959) : il donna des interprétations inoubliables des rôles-titres du *Prince de Hombourg* de von Kleist, du *Cid* de Corneille et de *Lorenzaccio* de Musset.

La culture pour tous

Dans le sillage de cette ouverture culturelle au plus grand nombre, le Livre de poche est diffusé à partir de 1953 : la rapide multiplication des titres facilite l'accès à la lecture.

Outre la lecture, la politique culturelle menée par André Malraux (1901-1976), à la tête du ministère des Affaires culturelles sous de Gaulle, entre 1959 et 1969, visa à développer la création sous toutes ses formes en généralisant des « maisons de la culture », lieux de rencontre et d'animation. En 1965, l'architecte Le Corbusier consacra cette politique en construisant la maison de la culture de Firminy près de Saint-Étienne.

Pour permettre à un public plus large d'accéder à la culture, une politique favorable au développement des musées et des expositions commença à se doter des moyens nécessaires. Parents pauvres, la musique classique et l'opéra restent encore un univers artistique réservé à l'élite malgré la politique axée sur l'enseignement de Marcel Landowski (1915-1999).

La culture « jeune »

Avec le baby-boom, la société de consommation et la fascination du modèle américain, une nouvelle culture se développe : elle s'affirme dès 1946 avec la promotion du bikini, symbole d'une sensualité revendiquée comme une nouvelle valeur, et elle se concrétise par *Salut les copains,* émission de radio inaugurée en 1959 sur Europe 1, à l'origine de la culture « Yé-yé », et par l'importance accordée à la mode. Les créations de Coco Chanel et d'Yves Saint-Laurent sont de plus en plus copiées par l'industrie du prêt-à-porter.

Parallèlement, le cinéma inaugure la « Nouvelle vague » avec en 1959, *Le Beau Serge* de Claude Chabrol (1930-2010), *Les 400 coups* de François Truffaut (1932-1984) et *À bout de souffle* de Jean-Luc Godard (1930-), tandis que la littérature expérimente le nouveau roman avec Nathalie Sarraute, Michel Butor et Alain Robbe-Grillet.

Dans *Et Dieux... créa la femme,* de Roger Vadim (1956), Brigitte Bardot incarne la femme libérée qui bouleverse les cœurs.

Ouvert à l'occasion de l'Exposition universelle de 1937, le palais de la Découverte a pour objectif de présenter au public « la science en train de se faire », une idée défendue par son instigateur le physicien Jean Perrin.

Les sciences au quotidien

De la pénicilline à l'énergie nucléaire, en passant par le plastique et l'informatique, toutes les inventions et découvertes scientifiques du XXe siècle ont bouleversé radicalement la vie quotidienne en France, ainsi que la place du pays dans le monde.

Depuis 1900, tous les secteurs décisifs de la vie économique et sociale ne cessent de s'améliorer grâce aux progrès de la recherche scientifique, qui trouvent des applications dans tous les domaines. La pénicilline, les nouveaux médicaments et les progrès de la radiographie permettent d'améliorer la santé publique et donc d'allonger l'espérance de vie ; les nouveaux matériaux facilitent aussi bien la construction de logements que l'industrie textile destinée à l'habillement ou à l'équipement automobile ; les nouvelles énergies, tels le pétrole ou le gaz, et la généralisation de l'électricité soutiennent la croissance industrielle, tandis que le développement de l'énergie nucléaire et l'informatique bouleversent le processus industriel et les conditions de transmission de l'information.

Le synchrotron *Saturne*, inauguré en 1958 par le président René Coty, était le plus puissant d'Europe. Ce programme était destiné à l'étude des particules.

La photo en relief prise avec un appareil stéréoscopique a été très populaire jusque dans les années 1950.

Pénicilline et BCG

Après sa découverte en 1929, par le médecin bactériologiste anglais Alexander Fleming (1881-1955), la pénicilline révolutionna la

Calmette (ici en 1910) et Gauvin mirent au point un vaccin antituberculeux. Les premières vaccinations furent réalisées en France 1921 et rendues obligatoires à partir de 1950.

pratique et les effets de la médecine à partir de 1940, quand l'exploitation pharmacologique de ce premier antibiotique fut mise au point. Son usage se généralisa, surtout après 1945, au fur et à mesure de la fabrication de nouveaux antibiotiques capables de neutraliser les agents infectieux (les antibiotiques sont des médicaments qui entravent la multiplication des bactéries ou qui les détruisent).

Les progrès de l'alimentation et de l'hygiène liés à l'amélioration des soins médicaux ont éloigné le spectre des grandes épidémies, telle que celle de la grippe espagnole (également appelée « influenza ») qui, en 1918 et 1919, fit de nombreuses victimes dans tous les rangs de la société.

Cette période se caractérise également par l'éradication de la tuberculose, cette maladie infectieuse et contagieuse due au bacille de Koch, hantise des familles et cause de surmortalité. La mise au point du BCG (sigle du vaccin découvert par les chercheurs français Calmette et Guérin) et la généralisation des pratiques de la vaccination contre la tuberculose, obligatoire dès le plus jeune âge au lendemain de la Libération, entraînent la quasi-disparition des séjours en sanatorium. Ce lieu « mythique » a été choisi par de nombreux romanciers pour souligner la précarité de la vie des malades coupés du monde ou pour symboliser la décadence de la civilisation occidentale.

Les nouvelles énergies

Dès le début du XXe siècle, l'usage de l'électricité, baptisée la « fée électricité », permet d'équiper les grandes villes en éclairage public et en moyens de transports collectifs, comme le tramway et le métro inauguré à Paris en 1900. Lors de l'Exposition universelle de la même année, la capitale fut qualifiée de « ville lumière ». La multiplication des enseignes lumineuses culmine au cours des années 1920, quand André Citroën eut l'idée de faire inscrire son nom sur la tour Eiffel au moyen de plus de 270 000 ampoules électriques.

Parallèlement au développement de l'usage de l'électricité, les recherches concernant la structure de la matière (atome et noyau atomique) progressent grâce à la découverte de la radioactivité par Pierre Curie (1859-1906) et par Marie Curie (1867-1934) – elle fut couronnée par le prix Nobel à deux reprises en 1903 et en 1911. Dans le cadre de l'Institut du radium créé par Marie Curie, les découvertes de sa fille Irène (1897-1956) et de son gendre Frédéric Joliot-Curie (1900-1958) ont permis au monde de conquérir l'énergie atomique en quelques décennies grâce à leurs recherches et à leurs découvertes effectuées au cours des années 1930, érigeant la science française au premier rang de la physique nucléaire.

Humanisme scientifique

Inventeur des « machines à uranium » qui allaient devenir les piles atomiques, Frédéric Joliot-Curie a énoncé les deux principes essentiels d'application de l'énergie atomique : la radioactivité artificielle (1934), étape intermédiaire entre la découverte de la radioactivité et celle de l'énergie atomique, indispensable à la fabrication en série de radio-isotopes, et la réaction en chaîne qui permet la libération de l'énergie dans les piles ou dans les bombes atomiques. Nommé directeur du CNRS en

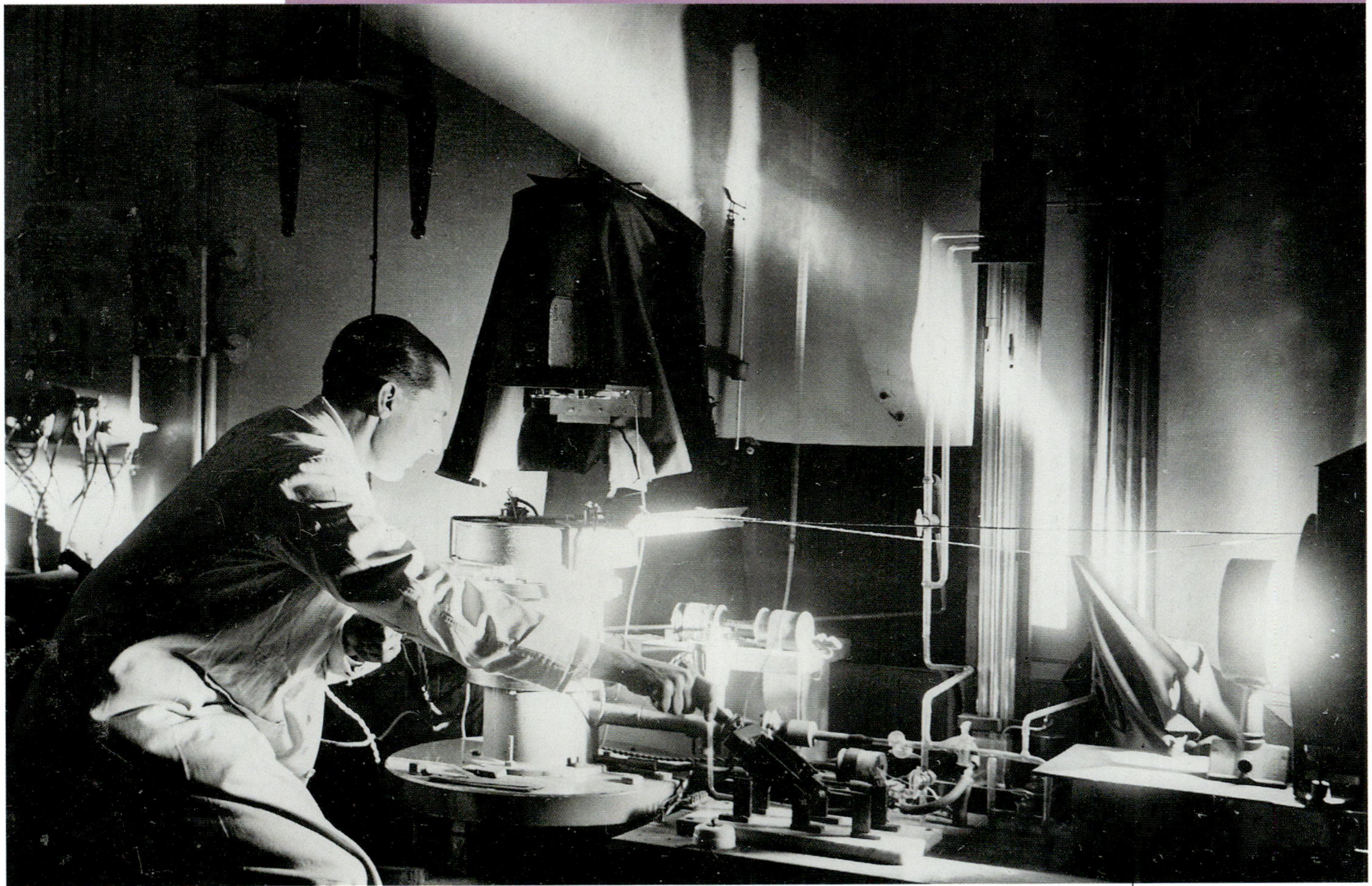

1945, puis haut-commissaire à l'Énergie atomique en 1946, il dirigea la construction de la première pile atomique française, Zoé en 1948. Grand savant, il ne s'est pourtant pas laissé enfermer dans son laboratoire, mais s'est engagé dans les luttes politiques afin d'améliorer le sort de l'humanité et devint membre du Parti communiste. Au lendemain de sa mort, l'hommage qui lui est rendu se caractérise par une rare unanimité, sa loyauté et sa sincérité n'étant jamais mises en doute.

Alors directeur du CNRS, Frédéric Joliot-Curie propose en 1945 la création d'un commissariat chargé du développement de l'énergie atomique (le CEA). Signataire de l'appel de Stockholm, il s'oppose farouchement à la fabrication d'armes nucléaires.

Les nouveaux matériaux

Les progrès de la recherche fondamentale sont à l'origine de la fabrication de nouveaux matériaux, en particulier du béton, mélange homogène d'un mortier (ciment, sable et eau) et d'un granulat (cailloux, granulats) qui, une fois pris, donne un matériau d'un seul bloc, très résistant à la compression. Le béton, en particulier le béton armé (coulé autour d'une armature métallique), permet des constructions plus rapides et plus solides, tant pour les ouvrages d'art (les barrages, les

Pour sa campagne commerciale, Citroën décide d'illuminer la tour Eiffel à son effigie en 1925.

En 1959, la construction de la voûte tripode du Centre national des industries et des techniques (CNIT) à la Défense est une véritable prouesse technique et une nouveauté architecturale. Avec la construction des tours sur le parvis, le bâtiment a perdu de sa superbe et l'effet de transparence voulu par les architectes est réduit à néant.

ponts) que pour les bâtiments publics ou les immeubles d'habitation. La généralisation de l'usage de ce matériau a entraîné un renouveau de l'architecture.

Durant la période, le verre est peu utilisé comme nouveau matériau de construction. L'architecte Pierre Chareau se distinguera par l'audace de sa maison de verre construite à Paris en 1927.

L'industrie textile bénéficia également des recherches dans le domaine de la chimie : l'invention du nylon, premier tissu entièrement synthétique, entraîna une véritable révolution. Apporté par les Américains et leurs parachutes pendant la guerre, le nylon, fabriqué à grande échelle, facilita la vie quotidienne des Français qui disposèrent désormais de chemises aisées à laver, séchant rapidement et ne nécessitant pas de repassage. Sur cette lancée, les découvertes des chimistes propulsèrent l'innovation industrielle dans le domaine des matières plastiques artificielles obtenues à partir de produits naturels (cellulose, caséine, formol, etc.) ou de matières plastiques synthétiques issues des dérivés du pétrole ou du charbon (polychlorure de vinyle, polyesters, etc.). Toutes sortes d'objets d'usage courant, symboles de la société de consommation, ont alors fait leur apparition sur le marché : boîtes, sacs, plats, assiettes, couverts, chaussures, carrosserie de voiture, disques, jouets, matelas pneumatiques, etc.

L'informatique

Les premiers ordinateurs installés dans de gigantesques sous-sols étaient déjà des machines électroniques capables de réaliser trois types d'opérations : l'entrée de données structurées traduites en code binaire (0/1), le traitement de ces données (en premier lieu des calculs très complexes) et la sortie des résultats de manière très rapide.

Depuis l'apparition de ces machines monstrueuses, plusieurs « générations » d'ordinateurs se sont succédé, la taille du « hardware » (le matériel) diminuant considérablement tout en augmentant les performances de ces appareils, tandis que les programmes de fonctionnement – les logiciels ou « software » – se diversifiaient pour s'adapter à une demande grandissante et variée : l'organisation interne des entreprises, la circulation de l'information, les modalités d'exercice de l'autorité et la hiérarchie s'en trouvèrent bouleversées. Mais, il faudra attendre les années 1980 pour que l'ordinateur à usage « familial » apparaisse sur le marché et pour que la miniaturisation des composants – les microprocesseurs et les puces de silicium – soit mise au point.

Jusqu'à la fin des années 1950, où la tendance s'inverse, l'accès à l'enseignement supérieur est réservé à quelques-uns. C'est le cas de l'École normale supérieure (ici, le laboratoire de chimie), qui prépare de futurs chercheurs.

En 1966, le général de Gaulle, conscient des enjeux de puissance que représentait la recherche informatique, favorisa la mise sur pieds du « plan Calcul » confiée à l'entreprise Bull. Ce plan visait à organiser une industrie informatique forte et indépendante, dont bénéficierait notamment la défense nationale.

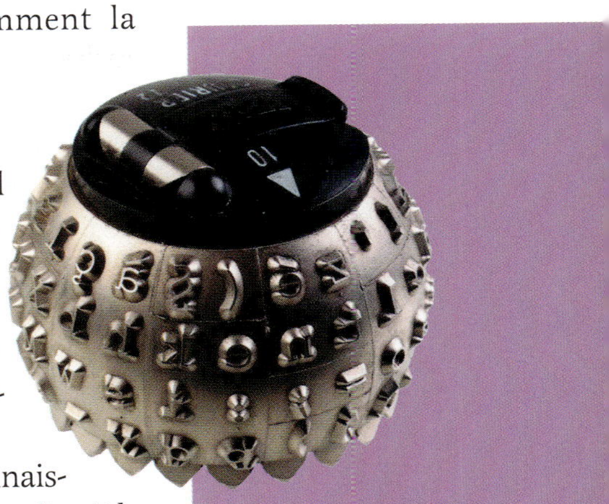

Implantée en France en 1931, la société Bull se développe grâce à ses machines mécanographiques et connaît une réussite spectaculaire après la Libération. Moins bien implantée, la société IBM lui livre une concurrence sérieuse. Les premières machines à boule font leur apparition en 1961.

La recherche scientifique

Soucieux de coordonner le travail des divers et multiples laboratoires de recherche dépendants de « sociétés savantes », les pouvoirs publics créent le CNRS, Centre national de la recherche scientifique, en 1939.

Dès 1936, le Front populaire, reconnaissant le rôle social des chercheurs, instituait le sous-secrétariat d'État à la Recherche scientifique, confiée successivement à Irène Joliot-Curie puis à Jean Perrin (1870-1942), prix Nobel de physique en 1926 pour son étude des rayons X. L'objectif était d'allouer des bourses de recherches et de contrôler le fonctionnement des laboratoires. Sur cette lancée de

Lancé en 1902 par le préfet de police Louis Lépine (1846-1933), le concours éponyme encourage l'innovation technique, comme ce vélo à ailettes proposé en 1935.

reconnaissance de l'importance de la science, à l'occasion de l'Exposition internationale de 1937, le palais de la Découverte fut réalisé pour faire connaître au grand public le travail du chercheur – l'annonce de son inauguration insistait sur les bouleversements à venir dans « cette cité future [....] où le progrès nous semble devoir être indéfini, où régneront sans effort conscient la justice et la fraternité et où la maladie aura disparu, où la mort aura reculé jusqu'à n'être qu'un repos librement accepté, où chaque existence humaine se déroulera dans l'harmonie et la beauté. »

Premier plastique thermodurcissable, la bakélite a trouvé de multiples usages depuis sa découverte en 1907. Cet isolant électrique est utilisé notamment pour les interrupteurs.

L'ère de de Gaulle

En 1958, à peine nommé à la tête de la Ve République, le général de Gaulle se préoccupe de promouvoir la recherche scientifique et technique, car il a eu déjà plusieurs fois l'occasion de mesurer les implications stratégiques de la science. Pendant la Seconde Guerre mondiale, les recherches atomiques menées dans le cadre du plan Manhattan furent à l'origine des bombes atomiques lancées sur Hiroshima et Nagasaki en août 1945, et depuis 1947, la compétition atomique entre les deux « Grands » est au cœur de la guerre froide, concrétisant « l'équilibre de la terreur ». Pour mettre en œuvre ce qu'il considère comme une priorité, de Gaulle suggère l'organisation d'un comité interministériel et favorise la création du Centre national d'études spatiales (CNES) en 1961, ainsi que la transformation de l'Institut

Conçu dans les années 1950 par l'ingénieur Jean Bertin, l'aérotrain constitue une alternative au chemin de fer. La propulsion sur coussin d'air permet d'atteindre 350 km/h lors des essais menés sur une ligne construite à cet effet près de Gometz. Cette technologie ne sera pas retenue.

national de l'hygiène fondé sous Vichy en Institut national de la santé et de la recherche médicale (INSERM), tandis qu'il double les crédits de l'Institut national de la recherche agronomique (INRA) créé en 1946. Il impulse également de « grands programmes » dotés de larges crédits dans les domaines de la recherche nucléaire, de l'espace et de l'aéronautique (Concorde, programme franco-britannique d'avions supersoniques lancé en 1962), des télécommunications, de l'informatique et de l'océanographie. En 1960, la maîtrise de la bombe A inaugure l'ère de la dissuasion nucléaire et fait entrer la France dans le camp des puissances nucléaires.

Le rôle de l'État

À la fin des années 1960, le système de la recherche français se caractérise par trois spécificités : le rôle très important des centres de recherche spécialisés financés par l'État, extérieurs à l'université et dotés de moyens considérables ; le rôle joué par les grands programmes pilotés par l'État ; et l'effort de prospective, de coordination et de planification de la recherche sous la houlette de l'État.

Il faut donc attendre les années 1970 pour que l'industrie devienne l'un des moteurs de la recherche scientifique non plus seulement fondamentale mais également appliquée.

De Gaulle souhaite doter la France d'une force nucléaire indépendante. En 1960, le premier tir aérien a lieu à Raggane dans le Sahara algérien (ci-contre), suivi de plusieurs essais souterrains jusqu'en 1966. En 1968, la première bombe à hydrogène explose à Mururoa (Polynésie française).

Dans les années 1960, la batterie des caméras était un objet plutôt encombrant, mais permettait une certaine autonomie de prise de vues. Assis à l'arrière d'une moto, ce cameraman filme le peloton du Tour de France.

Communiquer à tout prix

Avec le développement des transports terrestres et aériens, et des transmissions à distance, la France entre dans l'ère des communications. De nouveaux médias s'imposent comme outil culturel mais aussi de pouvoir.

Un Français adulte en 1900, contemporain de « la petite reine » et des premières automobiles, ne reconnaîtrait pas la France de 1968, sillonnée de routes et bientôt d'autoroutes, et équipée de nombreux aéroports modernes et de la toile d'araignée d'un réseau ferroviaire très dense. Pendant cette période, le téléphone remplace peu à peu le télégramme – « le petit bleu » – tandis que la radio puis la télévision, qui trônent désormais dans la plupart des salons, modèlent des comportements collectifs identiques, bouleversant l'écoulement de la vie quotidienne. La vitesse devient une composante décisive des sensibilités, avivées par les exploits des pilotes de formule 1 comme par les perfectionnements techniques des locomotives ou des avions. Paradoxalement, les distances se raccourcissent.

Permettant de parcourir quatre fois plus vite qu'à pied n'importe quelle distance, la bicyclette a connu un engouement jamais démenti tout au long du XXe siècle. En 1900, l'administration postale décide d'encourager son acquisition par une allocation versée aux postiers. Délaissée un temps au profit de la mobylette, la petite reine revient en force dans les années 1960.

Plus long pont suspendu d'Europe mis en service en 1959, le pont de Tancarville est une véritable prouesse technique. Il permit de réduire de quelque 102 km la distance entre Le Havre et Caen.

Sur terre

Sur la lancée du plan Freycinet de 1879, qui orienta l'équipement de la France en chemins de fer, en routes et en canaux, le réseau ferroviaire ainsi que le réseau routier se constituent et s'étendent, tandis que les canalisations ne se développent que dans la région du nord de la France.

Avant l'institution de la Société nationale des chemins de fer français, la SNCF en 1936, six réseaux se partageaient le trafic ferroviaire : Nord, Est, Ouest, Orléans, Midi et Paris-Lyon-Méditerranée (PLM). Malgré la concurrence entre les différentes compagnies, ces réseaux favorisèrent l'émergence d'un marché national.

L'extension du réseau ferroviaire s'est accompagnée de la construction de nombreux ouvrages d'art dont le plus spectaculaire est le viaduc de Garabit (avec ses 122 m de hauteur et 564 m de longueur) conçu par Gustave Eiffel entre 1882 et 1884 pour franchir la Truyère.

Le développement de l'industrie automobile nécessite l'extension du réseau routier et son équipement en ouvrages d'art permettant de « raccourcir les distances ». Le plus remarquable d'entre eux est le pont routier de Tancarville, véritable prouesse technique, projeté en 1933 et mis en service en 1959 ; il enjambe la Seine sur une distance de quelque 1 420 m. Le plan autoroutier lancé en 1952 fut renforcé en 1960 et réévalué en 1970 : les premières liaisons mises en service furent celles de Paris-Lille (1964), Paris-Le Havre (1968) et Paris-Côte d'Azur (1974)… pour satisfaire les vacanciers.

Dans les airs

Après les progrès engendrés par les besoins de la guerre de 14-18, l'aviation suscita des exploits individuels, tels ceux de Charles Lindbergh en 1927 et de Louis Mermoz, vainqueur de l'Atlantique sud en 1930. En 1931, Antoine de Saint-Exupéry immortalisa les aventures d'aviateurs hardis, confrontés à la distance et à une météo contraire, dans son roman *Vol de nuit,* devenu un véritable best-seller.

L'aviation civile se développa en France grâce à la SNECMA, en partie nationalisée dès le Front populaire : ses installations furent déplacées de la région parisienne aux environs de Toulouse, qui se trouvait éloignée des frontières stratégiques et qui bénéficiait d'un ciel plus souvent dégagé et propice aux expérimentations aériennes.

En 1955, la Caravelle, premier jet commercial, représenta une véritable révolution dans le transport aérien de passagers. Cet avion devint également un objet d'attraction pour les familles qui se rendaient sur la terrasse de l'aéroport d'Orly inauguré en 1961 pour voir ce nouvel avion décoller ou atterrir.

Quant au projet de l'avion supersonique, baptisé « le Concorde », il date des premières années de la Vᵉ République : il fit partie de « grands programmes » voulus par le général de Gaulle - lancé en 1962, les premiers essais seront effectués en 1969 et son exploitation en 1976.

À la même période, Dassault fabriquait les chasseurs *Mirage* et les jets d'affaires *Falcon*.

Toujours plus vite

Avec le développement du moteur à explosion, la vitesse devient une composante de

plus en plus présente dans la vie quotidienne, tout en devenant un enjeu industriel et même stratégique.
Pour promouvoir l'automobile et soutenir la politique coloniale de la France en démontrant que les liaisons motorisées entre la métropole et son empire sont possibles, André Citroën organisa des croisières publicitaires : la Croisière noire en Afrique (Colomb-Béchar-Madagascar, en 1924-25) et la Croisière jaune en Asie (Beyrouth-Pékin, 1931-1932).
Puis, au lendemain de la Libération, Citroën et Renault décident de produire en série des automobiles accessibles aux classes moyennes : les 2-CV et les 4-CV partent à la conquête des masses en 1946-48.
Devenu un objet de consommation culte, l'automobile devient le premier secteur industriel et entraîne dans son sillage tous les autres ; il annexe le design pour dessiner les nouveaux modèles et pousse l'État à développer les travaux publics d'infrastructure routière tandis que les compagnies pétrolières multiplient les pompes à essence, que les stations-service (garages de mécanique automobile) s'implantent partout et que les supermarchés apparaissent dans les périphéries urbaines.

En lançant la croisière Jaune, périple de quelque 30 000 km à travers l'Asie, André Citroën démontra la supériorité de ses autochenilles.

Les enjeux de l'information

Le développement de la presse s'est appuyé

L'engouement pour l'automobile entraîne le développement du réseau routier et la mise en place de services, comme les stations d'essence, ici en 1937.

De nouveaux métiers apparaissent avec les nouvelles technologies de communication, souvent assurés par un personnel féminin.

sur la « grande Presse » qui, avec ses multiples titres, hérita de la technique éditoriale mise au point au début du XIXe siècle. Elle permettait de tenir les lecteurs en haleine par les feuilletons et la caricature (comme *Le Charivari* consacra la gloire de Daumier). L'invention et la diffusion de la photographie furent exploitées par la grande presse qui publia les photos des reporters sillonnant le monde.

Avant la naissance de la radio, bien que soumise à la censure, la presse a longtemps joué un rôle majeur dans la fabrication de l'opinion publique du fait de sa grande diffusion (le tirage quotidien tournait autour de 10 millions d'exemplaires au début du XXe siècle). Le journaliste, longtemps considéré comme dilettante, finit par acquérir un statut social envié en devenant commentateur privilégié de la vie politique.

Après la Libération, le rôle politique de la presse s'affirme. Elle est considérée alors comme le « quatrième pouvoir » et paraît souvent avec des colonnes blanches à la suite du passage de la censure. Au *Monde* fondé par Hubert Beuve-Mery en 1944, pour remplacer *Le Temps,* s'ajoutent la fondation d'hebdomadaires tels que *L'Express,* créé en 1953 par Jean-Jacques Servan-Schreiber et Françoise Giroud pour soutenir les options politiques de Pierre Mendès-France.

Les communications individuelles

Inventé par l'américain Graham Bell en 1876 et présenté en 1878 lors de l'Exposition universelle, le téléphone resta longtemps très rare en France, le plus souvent vécu comme énigmatique, ce dont témoignent les pages consacrées par Marcel Proust à cet instrument qui lui permettait d'entendre au loin la

voix de sa grand-mère. Outil de communication à distance qui emploie des armadas de standardistes — qui deviennent des personnages importants des films policiers —, le téléphone s'impose comme un instrument de communication professionnel de plus en plus indispensable, et même comme un instrument stratégique : le symbole en est l'installation du « téléphone rouge » entre le Kremlin et la Maison Blanche au lendemain de la crise de Cuba en octobre 1962.

Longtemps tenu à distance, le téléphone finit par se répandre lentement dans les pratiques familiales, remplaçant presque définitivement le télégramme tout en devenant un attribut spécifique de la « culture jeune ». En 1966, il fallait attendre en moyenne 3 ans pour être raccordé au téléphone !

Sur les ondes

Grâce à Édouard Branly (1844-1940), physicien français inventeur du radioconducteur récepteur d'ondes radioélectriques, la radio devient, à partir des années 1920, un média de masse. En effet, elle s'installe dans les foyers au cours des années 1930, scandant désormais la vie quotidienne par les programmes variés qui se déroulent en continu (jusqu'à dix-huit heures par jour à la fin des années 1930). Avant tout média de divertissement, la radio s'impose également dans le domaine de l'information en séduisant les auditeurs par son instantanéité. Pendant la Seconde Guerre mondiale, son contrôle est d'ailleurs considéré comme décisif par les occupants et les collaborateurs, comme par les Résistants : « Radio-Paris ment ! » pouvait-on entendre à la BBC, la radio anglaise qui diffusait les messages de la France libre, « Les Français parlent aux Français » — annoncés par l'indicatif qui signifiait « victoire » en morse, et qui correspondait à l'incipit (premières notes) de la *Cinquième Symphonie* de Beethoven : pom-pom-pom-pomme.

La RDF (Radiodiffusion française), puis la RTF (Radiodiffusion-télévision), devenue

Nommé directeur en 1944, Pierre Lazareff (1907-1972) fait de *France-soir* l'un des quotidiens les plus populaires. En 1959, cet homme de presse lance l'émission télévisée *5 colonnes à la une* puis, en 1960 le journal *Télé-7-jours*, dont le tirage atteint plus de deux millions d'exemplaires cinq ans plus tard.

Au cours du siècle, les quotidiens ont perdu de leur audience tandis que les magazines se sont imposés. L'impression en couleur, apparue dans les années 1950, a largement contribué à ce succès.

Dans les années 1950, les conditions techniques de tournage, notamment avec l'arrivée de la caméra légère, évoluent considérablement, ouvrant la voie à de jeunes cinéastes, comme Truffeau, Jacques Rivette et Eric Rohmer.

monopole d'État en 1945, ne diffuse que des informations très surveillées, mais est concurrencée par les radios émettant sur les frontières : Radio-Luxembourg et Europe n° 1 (dont l'État devient actionnaire en 1959). La radio devient malgré tout le premier moyen d'information des Français dès le milieu des années 1950. Il est vrai que la découverte du transistor en 1947, permet d'étendre l'usage de la radio : les estivants sur les plages comme les ouvriers sur leur lieu de travail, ont ainsi la possibilité d'écouter leurs émissions préférées, tel que *Le Jeu des mille francs* (créé en 1958 au temps des anciens francs) animé par Lucien Jeunesse et diffusé quotidiennement à l'heure du déjeuner.

Cette promotion de la radio portative en objet de consommation contribua à l'émergence de la culture jeune symbolisée par l'émission *Salut les copains* créée en 1959, ainsi qu'à la division des familles : les parents n'appréciant guère les émissions destinées à leurs enfants.

La promotion de la radio comme instrument de gouvernement a été inaugurée par Roosevelt aux États-Unis au temps du New Deal. Cet usage a été repris en 1954 par le président du Conseil Pierre Mendès-France à des fins de pédagogie politique et civique pour expliquer ses choix au cours de ses *Causeries* du samedi soir.

Invention américaine du début des années 1920, la télévision est expérimentée en France entre les deux guerres, avant d'entrer dans sa phase d'exploitation à partir de 1948 avec la retransmission de l'arrivée du Tour de France, devant seulement 5 000 téléspectateurs. Elle ne commence à pénétrer dans les foyers français qu'au cours des années 1950 : la retransmission du couronnement d'Elizabeth II, reine d'Angleterre, en 1953, séduisit un public rassemblé dans les cafés équipés pour attirer les consommateurs. Mais, c'est surtout après 1958 (à cette date, seulement 10 % des foyers français disposaient de la télévision) que l'usage de la télévision se généralise et contribue à la modification tant de la vie quotidienne que des comportements privés et publics. Au lendemain de 1968, le taux d'équipement des ménages s'élève à 70 % et passera à 90 % en 1980.

Les ressources fournies par la redevance permettent de développer les infrastructures et d'inaugurer la deuxième chaîne en 1964, qui commence à émettre en couleur à partir de 1967 (la troisième chaîne est inaugurée le 1er janvier 1973).

Le service public

La télévision est alors un service public, monopole de l'État qui s'est fixé un triple but : diffuser la culture, distraire le public et l'informer tout en servant la politique du gouvernement. Plusieurs

Contrairement aux autres médias de l'époque, la télévision donne accès à une actualité immédiate. Ici, les téléspectateurs suivent attentivement la passation des pouvoirs entre les présidents Vincent Auriol et René Coty, en 1954.

émissions phares s'imposent au cours des années 1960, comme les émissions sportives, les jeux (*La Tête et les jambes* de Pierre Bellemare), les variétés (*La Joie de vivre* d'Henri Spade organisée autour d'une vedette, ou *La Piste aux étoiles* de Gilles Margaritis), les feuilletons d'inspiration policière ou historique (*La Caméra explore le temps* d'Alain Decaux et André Castelot), les magazines d'information (*Cinq Colonnes à la une* de Pierre Lazareff), qui contribuent à forger une culture commune.

Dès les premières années de la Ve République, le général de Gaulle comprend l'importance politique de ce média : tandis que le journal télévisé contrôlé par l'État se développe, il utilise la télévision pour s'adresser directement aux Français dans ses allocutions et conférences de presse. Mais, très rapidement, la presse d'opposition dénonce l'assujettissement de la télévision au pouvoir et pointe la menace que représente ce média pour l'indépendance de la pensée. « Libérez l'ORTF » (Office national de la radiotélévision française créé en 1964), devient l'un des mots d'ordre des manifestations hostiles au régime de de Gaulle en Mai 1968.

Toutefois, l'influence de ces « étranges lucarnes » sur les décisions politiques des électeurs semble moins importante que le contexte socio-économique et le passé de l'électeur.

Conception éditoriale et mise en page : CCBR

Texte : Élisabeth Brisson

Crédits photographiques

Eyedea :
pp. 13B, 17B, 18A, 20, 21B, 22A, 23AB, 25A, 26AC, 28, 31A, 33A, 35A, 36, 37B, 38A, 40A, 42A, 43A, 49B, 50A, 60, 65A, 66A, 67.

Roger Viollet :
Couverture, pp. 6, 8, 12, 14A, 15AB, 16A, 18C, 19, 24AC, 32A, 39A, 41B, 44, 45B, 47B, 48A, 52, 53B, 54AC, 55A, 56A, 57E, 58B, 59A, 61B, 62A, 63AB, 64AC, 68, 69B, 70A, 71C, 72AD, 73A, 74A, 75A.

CCBR :
Couverture, pages de garde, pp. 5, 7, 9ABCDE, 10ABCDE, 11ABCDE, 13AC, 14B, 16B, 17A, 18B, 21AC, 22B, 23C, 24B, 25B, 26B, 27, 29ABC, 30ABC, 31B, 32BCD, 33B, 34ABC, 35B, 37AC, 38BC, 39BCD, 40B, 41A, 42B, 43BC, 45AC, 46AB, 47A, 48B, 49A, 50B, 51, 53ACD, 54B, 55B, 56BCD, 57ABCD, 58A, 59B, 61AC, 62B, 64B, 65B, 66BC, 69AC, 70B, 71AB, 72BC, 73B, 74B, 75B, 77.

Collectionneurs : Pascal Laguich, Monique Mangeant, Etienne Galopin.

Grands Événements - Collection Souvenirs d'en France
Dépôt légal : décembre 2010
N° ISBN : 978-2-8152-0235-0
Achevé d'imprimer : décembre 2010
Imprimé par : Deaprinting
officine grafiche novara 1901 Spa - corso della Vittoria, 91 - 28100 Novara - Italie

N° de certificat : BVC/CdC/ 1758296

CINÉMATOGRAPHE
Auguste et Louis Lumière
J. Carpentier Ingénieur Constructeur
Paris

JOUR
EN TROIS MOIS, UN BRETON A GAGNÉ 600.000 F (V. p. 3)
OLD-UP A ASNIERES
Le gang des "grosses têtes" rafle 55.000 F
SURESNES :
Aimée (19 ans) se jette par la fenêtre
C'EST NOTRE MISS FLORALIES
VELLES
Nous sommes pour la République
La révolution est-elle en marche ?
L'ILLUSTRATI
SAMEDI 8 JUILLET 1916
Le Q
LA NAT
DANS BERLIN EN
la bataille fa
LE FIGARO
minute
NOUVEAUX BRUITS ALARMANTS :
DE GAULLE
RECHUTE
EXCLUSIF
ORDRE DE
Nouvelle
Paris-pre
l'int
Ce soir
Paris conquiert sa liberté par les armes
QUE JUSTICE SOIT FAITE !
La bataille de l'Ile-de-France
J'accu
Dit au Peuple toute la Vér
PRODUISEZ ORGANISEZ
CINÉMA
"Cinéma Soviétique"
"Histoire d'un Art : Le Cinéma Des origines à nos jours"
BARRY
PIERRE FRESNAY
CHAINES CONJUGALES
DOROTHY LAMOUR
MANON
MISSION A TANGER
CINQ HEURES DU MATIN
JOURNAL
ÉDITION DE PARIS
RENTRÉE DU PARLEMENT
La Déclaration ministérielle
LA JUSTICE INTERVIENT
M. TURMEL INCULPÉ de commerce avec l'ennemi
LA CHAMBRE NOMME UNE COMMISSION DES POURSUITES
LE DERNIER MOT
"Le monde doit être réservé à la démocratie."
Marchés de fusées